どのステージからでも
うまくいく!

不動産投資
5ステップ成功術

(株)Agnostri(アグノストリ)支社長
杉浦 正明

ぱる出版

はじめに

■「不動産わらしべ長者」への道は「今日の小さな不動産」から始まる

日本の昔話にある『わらしべ長者』をご存知でしょうか。

ある貧しい青年が一本のワラを持ち、道ゆく人と出会いながら物々交換を経て最後には大金持ちになる話です。

転じて現代では、最初は富を持たない状態でもステップアップによって大きな富を得ることの比喩としても使われる言葉です。

不動産の世界において、わらしべ長者ともいえる存在が森ビルです。

「六本木ヒルズ」などで有名な森ビルが、１９５０年代に虎ノ門交差点に建設された４階建ての小さなビルからスタートしたのは有名な話です。

このように書くと夢物語に聞こえるかもしれませんが、けっしてそうではありません。

本書は普通の会社員や経営者であるあなたに「不動産わらしべ長者」になってもらうための本です。

森ビルは70年かけて現在の規模になりましたが、本書では10年～15年でオフィスビル一棟の所有者になったり、1億～5億円前後の資産を築く方法を解説しています。

2016年に日銀がマイナス金利政策を導入したことで銀行からの融資が活発になり、いわゆる「サラリーマン大家さん」が増加しました。

今や不動産投資家の2・5人に1人は会社員だと言います。

不動産投資というと、お金を持っている人だけができる投資手法だと思われるかもしれませんが、この本では不動産投資経験ゼロの会社員や経営者、個人投資家が地道にコツコツ資産を築き、わらしべ長者になる方法を解説します。

もちろん、わらしべ長者ですからいきなり高額な不動産を購入しよう、という話ではありません。むしろ、最初は小さく買います。

具体的には、

①居住用マンション一室
②居住用アパート一棟
③居住用マンション一棟
④オフィスビル区分
⑤オフィスビル一棟

の順番で一段ずつ資産のステージを上げていきます。

このやり方を私は「ステップアップ不動産投資」と名づけました。

本書を読めば今どのステージにいたとしても買うべき不動産がわかります。不動産の種類ごとに目安となる自己資金額や物件選びのポイントを学ぶことで、「知らない」がどんどんなくなり、安心して融資を受け、ハイリターン物件に挑戦することも可能となります。

本書をガイドとして、ぜひ「不動産わらしべ長者」への階段を登ってください。

■5つのステップで資産持ちになるステップアップ不動産投資

具体的に本書では、ステップアップ不動産投資のやり方を5つのステップで解説していきます。

【ステップ1】居住用マンション一室（2000万〜4000万円）

不動産投資ビギナーでも簡単に始められるのが「区分マンション」です。

自己資金も、100万円以内であれば大丈夫です。まずはハードルの低い「最初の一室」を持ち、不動産投資人生の幕を開けましょう。

【ステップ2】居住用アパート一棟（6000万〜1億5000万円）

区分マンション所有の経験で居住用物件選びの知識が高まれば資金面のハードルの低さからも、次に挑戦するのは「居住用一棟アパート」です。

自己資金は、500万〜2000万円で始められます。

【ステップ3】居住用マンション一棟（2億〜4億円）

「居住用×一棟」の経験値を積んだあなたは「RC住居用一棟マンション」にも手が届きます。区分・一棟アパート以上のスケールアップを手に入れるタイミングです。自己資金2000万〜4000万円で始められます。

【ステップ4】オフィスビル区分（1億〜4億円）

数千万円の投資経験を積んだあなたは「区分オフィスビル」にも挑戦することができます。ビルのテナントは長期に渡って賃貸するケースがほとんどで、高額な安定収益を得ることが可能です。自己資金3000万円から始められます。

【ステップ5】オフィスビル一棟（4億〜20億円）

区分オフィスビル投資で1億円のキャッシュができたら、いよいよ「オフィスビル一棟」に挑戦です。家賃収入だけでなく、ビル一棟は売却益も非常に魅力的です。物件の価値にもよりますが、数億円の財産を築くことも夢ではありません。

不動産投資にはさまざまな悩みがついてまわるものです。

「今の資産状況でどんな不動産を買えばいいかわからない」

「空室が出てしまって、売却したほうがいいのか、もう少し待ったほうがいいのかを悩んでいる」

「複数所有したいが、いつも同じ種類の不動産（区分マンション、一棟アパートなど）からしか選べず選択肢の狭さを感じている」

「自分の老後や子供、孫たちの将来のためにしっかり資産を築き上げたい」

このような悩みを解決するのが本書で解説する方法論です。

具体的な内容はここでは書き切れないので本文をご参照ください。とはいえまずお伝えするなら、先述のように最初の区分マンション投資であれば自己資金ゼロ、もしくは１００万円以下で始めることができます。

もちろん、これはあくまでも最初の一歩に過ぎません。

そこで次への資金を作り、一棟アパート、一棟マンションへとステップアップしていくことで、徐々に資産を数百万円、数千万円、さらには億単位にしていくことができるのです。

■「確かな不動産投資術」だからアポなし飛び込みでも83億円売れた

申し遅れましたが、投資用ビル販売を専門とする株式会社アグノストリの支社長を務める杉浦正明と申します。

私はこれまでに居住用とテナント用の物件合わせて３００億円以上の不動産を販売してきました。現在、専門としているテナント用ビルは3年で96億円を販売し、その多くはアポなしの飛び込み営業での契約でした。

飛び込み先の社長から「仕事の邪魔だ。帰れ！」と怒鳴られたことは何度もあります。ですが、お話を聞いてくださった方のほとんどが、最後には

「こんないい話があるなら、もっと早く知りたかった！」とおっしゃってくださいました。

飛び込み営業の際に私が必ず説明してきたのは、まさに本書のテーマである「ステップアップ不動産投資」の方法です。

これは、今の資産状態において買うべき物件からスタートし、家賃収入と売却益を得ながら、少しずつ所有する物件の規模を大きくし、手元に残るお金を「億」にまで築き上げるメソッドです。不動産投資を怪しんだり、リスクが大きく「怖い」と思ったりする人はたくさんいます。それは、将来が見えないからです。

しかし、私の解説する内容であれば、スタート時に右肩上がりの不動産投資を計画でき、そのプロセスを詳細に渡ってイメージすることができます。

不動産投資に抵抗のある方でも「これなら大丈夫」と、億万長者への道に足を踏み入れてくださるのです。

私の顧客になってくださった方には、年収５００万円の会社員から大企業の経営者までさまざまな属性の方がいます。公務員や医師、税理士、会計士、弁護士などの士業の方も多くいます。

私の顧客で赤字になって不動産投資から撤退した方は一人もおらず、みなさん、順調に資産を形成されています。

さあ、次はあなたの番です。

特に第1章〜第5章が具体的なステップの内容になっていますので、繰り返し読んでいただきたいと思います。

投資手法と言えば、他にも株式や投資信託、ＲＥＩＴ（不動産投資信託）などが一般的です。２０２４年から新ＮＩＳＡが始まったこともあり、投資に興味がある人が増えていますが、それでもやはり株式や投資信託が一般的ではないでしょうか。

そこだけ固執する理由に「投資は身の丈に合ったものをやるべき」「不動産投資は自分とは縁がない」という思い込みがあるかもしれません。

はっきり言います。不動産投資は選ばれた人だけができる特別な投資方法ではありません。会社員や経営者という属性があれば誰でも今日から始められ、自分に合った資産形成をスタートできる方法論です。

そのことを次から1つずつ解説していきましょう。

本書を手に取られたあなたはすでに「億」の資産を築く人生への片道切符を手にしているも同然

です。あとはその電車に乗り込むかどうかを決断するだけです。
その決断によってあなたの資産が築かれ、豊かな人生を送ることになれば、これに勝る喜びはありません。

杉浦 正明

序章：悩める不動産オーナーのための「5ステップ」ロードマップ

第1章：区分マンション投資から不動産投資を始めよう

第2章：アパートなら手堅く「一棟」にチャレンジできる

第3章：一棟マンションでスケールアップを狙う

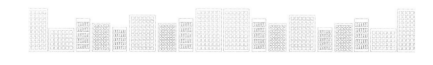

第4章：ビル投資も区分オフィスから始めよう

第5章：一棟ビルで営業外収益の最大化を実現

第6章：「初めてのステップアップ不動産投資」成功事例

第7章：「幸せな不動産わらしべ長者」への第一歩を踏み出そう

企画協力・潮凪洋介（HEARTLAND INC）
編集協力・廣田祥吾

序章

悩める不動産オーナーのための「5ステップ」ロードマップ

会社員でも老後のために資産を増やすべき時代

2019年に報告された金融庁の『高齢社会における資産形成・管理』において「老後の30年間で一人につき約2000万円が不足する」という内容が発表されました。

これは「老後の生活のために各自が資産運用をしましょう」という内容だったのですが、そのセンセーショナルさから「老後には2000万円ものお金が必要になる（不足する）！」と受け取られてしまいました。

これが俗にいう**「老後2000万円問題」**です。

しかし現在では、さらに2000万円が増えて「4000万円が必要になる」とも言われています。

2022年6月の『東洋経済オンライン』の記事では〈老後には2000万円どころか「4000万円」は必要なワケ〉という見出しでその内容が語られています。

あくまでも試算ではありますが、インフレによって物価が上昇していく傾向にあるこの先の未来では、生活費を考慮すると４０００万円を貯めておけば安心だとしています。

さらに、その貯金だけで生活するのは困難であり、資産運用能力を身につける必要があるとも書かれています。

では、世代ごとの貯金額はどうでしょうか？

みずほ銀行が２０２３年9月に掲載した記事では20～50代の貯金額が紹介されています。「独身か既婚か」によって開きはありますが、

- 20代：２００万円前後
- 30代：５００万円前後
- 40代：６００万～８００万円前後
- 50代：１０００万～１２００万円前後

というデータになっています。

50代は定年までまだ数年あるとはいえ、それでも４０００万円には遠く及びません。

やはり、なるべく早い段階での資産運用の必要性を感じます。

資産運用とは、平たく言えば資産を増やすために「お金の置き場所」を考えることです。方法論としては「貯金」や「投資」が挙げられます。

そして、貯金だけでは老後の生活が厳しいことが予測される現代においては、一般の会社員（サラリーマン）であっても投資に目を向けて資産を増やしていく必要があると私は考えています。

新NISAよりREITより「不動産投資」をすべき理由

2024年から新しいNISA（通称：新NISA）が始まりました。

新NISAでは非課税保有期間がそれまで5～20年だったものが無制限になり、長期的な運用によって資産形成ができるようになりました。

これを機に投資に目を向け、スタートした人も少なくないのではないでしょうか？

多くの人が「投資」を考えるときに、最初に思いつくものが新NISAのような株式投資や投資信託だと思います。他にも個人型確定拠出年金で退職金を積み立てる人もいるでしょう。

あるいは、金に投資することを考えるかもしれません。リーマン・ショックや新型コロナ等のパンデミック、ウクライナショックのような社会不安が起こることで、需要が供給を上回り、世界共通の代替通貨である金の購入が増え、価格が高騰するからです。

ＦＸや暗号通貨のような、投資というよりはむしろ「投機」的側面の高いものを考えることもあるでしょう。ただＦＸや暗号通貨は乱高下が大きいため資産の安全性の面で不安が残ります。

どのような選択肢を検討するにせよ、私が思うのは「投資を考えるときに『不動産』を選ぶ方は少ない」ということです。

仮に不動産を選ぶにしてもＲＥＩＴの様な現物資産でないものを検討する方のほうが未だに多いように思えます。

耳馴染みのない人のために説明すると、ＲＥＩＴとは「Real Estate Investment Trust（不動産投資信託）」の頭文字を取ったもので、日本ではＪ－ＲＥＩＴと呼ばれています。通常の投資信託では株式を買うのに対して、ＲＥＩＴでは不動産物件の売買や運用を行い、得られた利益を配当として投資家に分配します。

「売買がしやすい」「小口で投資ができる」「選定をプロに任せられる」などのメリットが多数存在するREITですが、一方でデメリットもあります。

その最たるものが「(不動産に比べて)レバレッジが利きにくい」というものです。信用取引で自己資金に対して最大3倍のレバレッジしかかけられません。

つまり、資産を大きく増やすことができない、ということです。

通常の不動産投資の場合、ここまでにご紹介したさまざまな投資方法と大きく違う点は「レバレッジがかけられること」です(FXのような投機的商品は除く)。

レバレッジとは「テコの原理」のことですが、簡単に言えば「小資本で大きな投資ができること」だと思ってください。

例えば、自己資金ゼロで数千万円のマンション一室を買えたり、数百万円の自己資金で1億円前後の一棟アパートを買える、ということです。

不動産の場合であれば「現物」が存在しますので、そもそもの金融機関からの融資が受けやすいのです。加えて会社員または、経営者であれば社会的な信用力がありますから、より融資が受けやすいのです。

たとえ、あなたに少ない自己資金（貯金）しかなかったとしても、会社や購入する不動産が「信用」になって数千万円単位のお金を借りることができるのです。

さらに、不動産は現物資産のため株式投資のように景気変動に左右されにくく、元本割れするリスクも少ないです。また、ＦＸや暗号通貨のように価格の乱高下に悩まされることもほとんどありません。

投資で資産を安全に手堅く増やす方法論としてはベストと言えるのです。

まずは「不動産投資は難しい」の思い込みを外そう

私が不動産投資をおすすめすると多くのケースでこんな言葉が返ってきます。

『でも実際は、融資が下りなくて難しいんじゃないの？』と、いいタイミングなのではっきりとお伝えしますが、これは思い込みです。

少し、想像してもらいたいのです。

あなたがマイホームを購入するとします。そのときに全額を現金で払うでしょうか？

ほとんどの人はそうではないでしょう。「住宅ローン」を利用するはずです。

マイホームはカテゴリー的には不動産です。そして住宅ローンは融資です。マイホームを購入する、もしくは購入した時点で、すでに「不動産を金融機関の融資を使って購入」ということになります。


『でもそれは、住居用であって投資用ではないから……』

そんな声が聞こえてきそうです。これが2つ目の思い込みです。

マイホームの場合は自分とその家族が実際に住み、将来にわたって返済をしていくイメージが持てているはずです。返済への道筋が見えているために「難しい」とは考えないわけです。さらに「自宅は必要なもの」という思い込みもあるでしょう。これは間違っていません。

しかし、だからこそ不動産投資になると「不必要なもの」を購入する意識になり、なぜかハードルが上がるのです。実際は「不動産を融資で購入する」というスキームは変わりません。なのにハードルが上がってしまう。

これは思い込み以外の何ものでもないのです。

さらに、思い込みとしてもう1つあります。

それは「投資は自分の貯金の範囲内でするもの」というものです。

株式投資でも投資信託でも金でもＲＥＩＴでも、これらの投資は基本的に自己資金の範囲内で行います。借金をしてでも株式を買う人は多くはないでしょう。

これは裏を返せば「借金をしてまで投資なんかするものじゃない」「余融資金を使ってやるべき」ということになります。

投資にはリスクもありますから、無理のない範囲で行うことは重要な考え方です。しかし、それによって不動産投資そのものへのハードルを上げてしまうのはもったいないことだと私は思います。

これらの思い込みを今のうちに少しでも減らして頂くために、実際の例を紹介しましょう。

例えば区分マンション（マンション一室）であればフルローン（自己資金なし）で融資が通ります。

３０００万円の物件を買うのであれば、金融機関によっては３０００万円＋諸経費まで融資してもらえます。

区分マンションの融資金額の基準は、年収の約8倍です。国税庁の「令和4年分 民間給与実態統計調査」によると年収500万円を超える人の割合は全体の約33・5%だそうです。

年収500万円なら融資額が4000万円となります。2000万円の物件であれば2件買うことができる計算です。銀行にもよりますが、5500万円まで融資を受けられる可能性もあります。

実際に区分マンション投資セミナーなどに行くと、1回目の時点で企業名・年収・借入の有無などをアンケートで書かされます。

そこで基準を満たしていれば、セミナー終了後や2回目のアポイント時には「こういう物件がありますよ。融資を通してみませんか?」という話になります。

もちろん、そんな話に乗ってくださいと言いたいわけではありません。それくらいトントン拍子に物事が進むということです。

最初に手を出すべきは「取り組みやすい手堅いもの」

ここであなたが抱えているであろう悩みをもう少しあぶり出してみたいと思います。

実際に不動産投資を検討し始めたときには次のような悩みが生じるはずです。**「そうは言っても、いったいどの不動産に投資すればいいの？」**

一口に不動産といっても、マンションやアパートや戸建てなどの住宅系、ビルのようなオフィス系が存在しますし、新築や中古、購入方法も一室である「区分」と丸ごとの「一棟」が存在します。

数ある中でどれに投資するかは迷うところでしょう。

実際に私も「今の自分はどの不動産に投資すればいいですか？」という相談をよく受けます。お金をある程度持っていても「どういうものが自分には買えるのか？」ということがわからない人も少なくありません。

世の中には「マンション投資はやめておけ」「アパート投資は危ない」「会社員なら〇〇がいい」などのさまざまな情報があります。

情報はたくさんあればあるだけ参考にはなりますが、うまくスクリーニングできない人には情報過多なだけで逆に混乱してしまいます。

世の不動産セミナーでは不動産会社が集客のために「面談したら3万円」「5万円のクオカードをプレゼント」という類のものが多くあります。他にも、InstagramやFacebookで不動産投資の広告もあります。しかし、そのような安易な集客に釣られてセミナーに行くと、残念な物件をつかまされたりします。

最初に投資すべき物件ですが、答えを言ってしまうと**「取り組みやすい手堅いもの」**から始めるのが重要です。

具体的に言えば**「一般的な物件」**です。そこから始めて世の中に必要とされているもので「一般的ではない物件」にシフトしていくのです。

市場ではあり得ないほど価格の安いものには手を出してはいけない

前項で「取り組みやすい」と説明しましたが、こう書くと「金額的に手を出しやすい」と勘違いしてしまう方がいるかもしれません。

たしかに、価格が安いと取り組みやすいかもしれません。しかし、そこには大きな落とし穴が待ち構えているので注意です。

世の中の不動産サイトや不動産会社の中には、1円物件、100円物件など、不動産市場ではあり得ないほど超格安の物件を販売しているケースがあります。高くても100万円しないで買えるような、入居がついていない古民家や駐車場などです。

格安で不動産投資を始められて魅力的に感じるかもしれませんが、このような物件には何かしらの事情が隠れています。

ストレートに言ってしまえば「そこまで価格を安くしないと売れない物件」ということです。誰も買わないから価格を下げてでも買ってもらおうとしているわけです。

実際に、超格安物件を買ったオーナーには不幸が訪れます。

まず、超格安物件は入居がついていない＝入居者がいないのですぐに家賃収入（インカムゲイン）を得ることができません。「では入居者を募集しよう」と考えると思いますが、そのまま貸し出せるような状態ではなかったりします。

その上で数十万円の固定資産税がかかるので、所有した時点で持ち出しが発生してしまうのです。

次に、住めるようにするためにリフォームが必然となるのです。

リフォーム代は物件の状態にもよりますが、一般住宅の場合で500万~多いと2000万円ほどかかるケースもあります。

さらに、リフォームの一環としてゴミを処理する必要が出てきます。自分でできない場合は業者へお金を払って処分してもらいます。草木を刈ったり、不要なものを処分したり、建物以外の修復も必要になるのです。

ここまでお金と時間をかけてようやく投資物件としてスタートラインに立てます。

そして何より怖いのが、超格安物件の場合は築年数が古いために「建物そのものが傾いている」「地盤が緩くなっている」「建物に白アリ被害が出ている」「雨漏りが起こっていてその原因がわからない」などのトラブルが考えられます。

そもそも住むことが不可能に近い状態の物件も存在するわけです。

思い切って新築に建て替えようと考えたとしても、実は物件のエリアが国の道路整備予定エリアに該当していて「再建築不可物件」になっていることもあります。今の建物を壊した時点で同じものを建てられないため、こうなると建て直すことすらできません。

このようなことが購入時にはわかりづらいのです。

では、これらの条件をすべてクリアできたとしましょう。

それでもまだ問題が待ち受けています。新しくオーナーとなった人は恐らく宅建士の資格を持っていないでしょうから、入居付けと管理業務を地場の不動産会社に依頼する必要があります。

超格安物件の場合、立地がかなり田舎で、アクセスの良くない場所であることも多いので、そうなると仮に依頼したとしても入居がすぐにつくとは限りません。入居者がいなければ、もちろん家賃収入はありません。

仮に「もう駄目だ」と考えて売却しようとすると、取得費用に加えて今度は不動産会社に手数料を取られます。結局、持ち出ししか発生しないのです。

私は超格安物件そのものを否定するわけではありません。

例えば自分でリフォームをしたり、セカンドハウスなど趣味としての物件や、古民家を改装してカフェや民宿にして田舎でのんびり生活をしたいような考え方であれば、いいでしょう。

しかし、そのような用途に適しているのであれば売り出す前に不動産会社が手に入れていると思います。つまり、超格安物件は投資目線で見るとリスクが高いといえるのです。

オーナーになっても「判断の連続」であることを理解しておく

さて、ここまで読んで不動産投資に興味が湧いた方は、次のことを覚えておいてほしいと思います。

それは**「不動産投資家は判断の連続である」**ということです。

具体的には「保有し続けるか？　売却するか？」です。

不動産投資といえば、持っているだけで安定的に賃料収入（インカムゲイン）があったり、売却したら大きな売却益（キャピタルゲイン）が入ってきたりといったイメージを持っている方もいます。

間違ってはいませんが、だからといって「物件を持ったら何をしなくてもOK」と考えてしまうのはどうなのでしょうか。

実際は、インカムゲインを得るための施策や、キャピタルゲインを得るためのスキルなどが必要です。そして、適切な運用・売買する判断力が必要になります。

例えば、木造アパートとRCマンションでは法定耐用年数が異なります。RC造の耐用年数は新築では47年ですが、中古の場合は経過年数をマイナスした期間で融資を検討しなければいけません。

仮に築15年のRCマンションであれば、残存年数は32年です。ですからあなたが買うときには30年のローンを組んで買うことになります。

ただ、10年後に売却するならば、次のオーナーは22年でローンを検討しなければいけなくなります。

すると「売却したいけど買ってくれる人がいない（少ない）」という状況にもなりかねません。だったら10年の保有を5年にしてその分のインカムゲインを諦めてでもキャピタルゲインを得るほうがプラスになる場合もあります。

あくまで一例ですが、このような判断が必要になってくるのです。

他にも、住宅系であればデベロッパーが新築のマンションやアパートを今も積極的に建てています。そうなると、古い物件は必然的に不利になります。

入居者はできれば新しくて設備のいい物件に入居したいものです。

新築には「新築プレミアム」と呼ばれる家賃の上乗せがあるので必ずしも新築に勝てないわけではありません。しかし、自分の物件の周囲にどのような物件ができ、相場の賃料がいくらか？といったことを把握して、保有するか売却するかを検討しなければいけないこともあるのです。

世の中には売却したほうがいい物件、保有し続けたほうがいい物件があります。

不動産市況の需給バランスや築年数に伴う建物の劣化によって賃料の下落が考えられるものは売却してキャピタルゲインを得るべきで、そうでないものは保有したほうがいいのがセオリーです。

詳しくは後の章で解説していきますが、まずは不動産オーナーになる以上は、このような情報を集め、材料にし、的確な判断をしていく必要があることを理解しておいてください。

5つのステップで資産を増やす

お待たせしました。いよいよ次章から不動産投資の5ステップを解説していきますが、具体的なロードマップは次のとおりです。

【ステップ1】2000万～4000万円の区分マンション（RC）

●単身者用（1R、または1K）
●広さ20平米以上
●中古

【ステップ２】 ６０００万～１億５０００万円の一棟アパート（木造）

●単身者用（１Ｒ、または１Ｋ）

●広さ20平米以上

●部屋数６～12部屋

●新築、または中古

【ステップ３】 ２億～４億円の一棟マンション（ＲＣ）

●単身者用（１Ｒ、または１Ｋ～１ＬＤＫ、または２ＤＫ）

●広さ20～40平米ほど

●部屋数16～24部屋

●新築、または中古

【ステップ４】 １億～４億円の区分オフィス（ＲＣ、ＳＲＣ）

●企業用（中小ビルの１フロア）

●広さ60～３００平米（約20～１００坪）

●中古

【ステップ5】 4億〜20億円の一棟オフィスビル（RC、SRC）
●企業用（中小ビルの一棟）
●広さ60〜300平米（約20〜100坪）
●部屋数5〜10フロアくらい
●中古

これらをステップ1から購入するポイントを各章ごとに順番に解説していきます。もちろん、必ずステップ1から始めなければいけないわけではありません。

それぞれの自己資金、不動産投資経験、知識の総量などによって〝始められるところ〟から始めてかまいません。ただし、まずは本書を読んでそれぞれの物件タイプの特性を見極め、どのステップでも「勝ち」を得られるようにしてください。

不動産はどうしても「人口の影響」を受けます。

現在、２１００年には日本の人口は現在の半分になると言われていますが、そこまで遠い未来でなくても、人口が減っていくことはわかっています。

各ステップでベストな選択を行い、人口減の影響を受けづらい投資物件にシフトしていく心構えを持って、次章より読み進めて行ってください。

不動産投資の5ステップ	
ステップ1	2000万～4000万円の区分マンション（RC）
ステップ2	6000万～1億5000万円の一棟アパート（木造）
ステップ3	2億～4億円の一棟マンション（RC）
ステップ4	1億～4億円の区分オフィス（RC、SRC）
ステップ5	4億～20億円の一棟オフィスビル（RC、SRC）

第１章

区分マンション投資から
不動産投資を始めよう

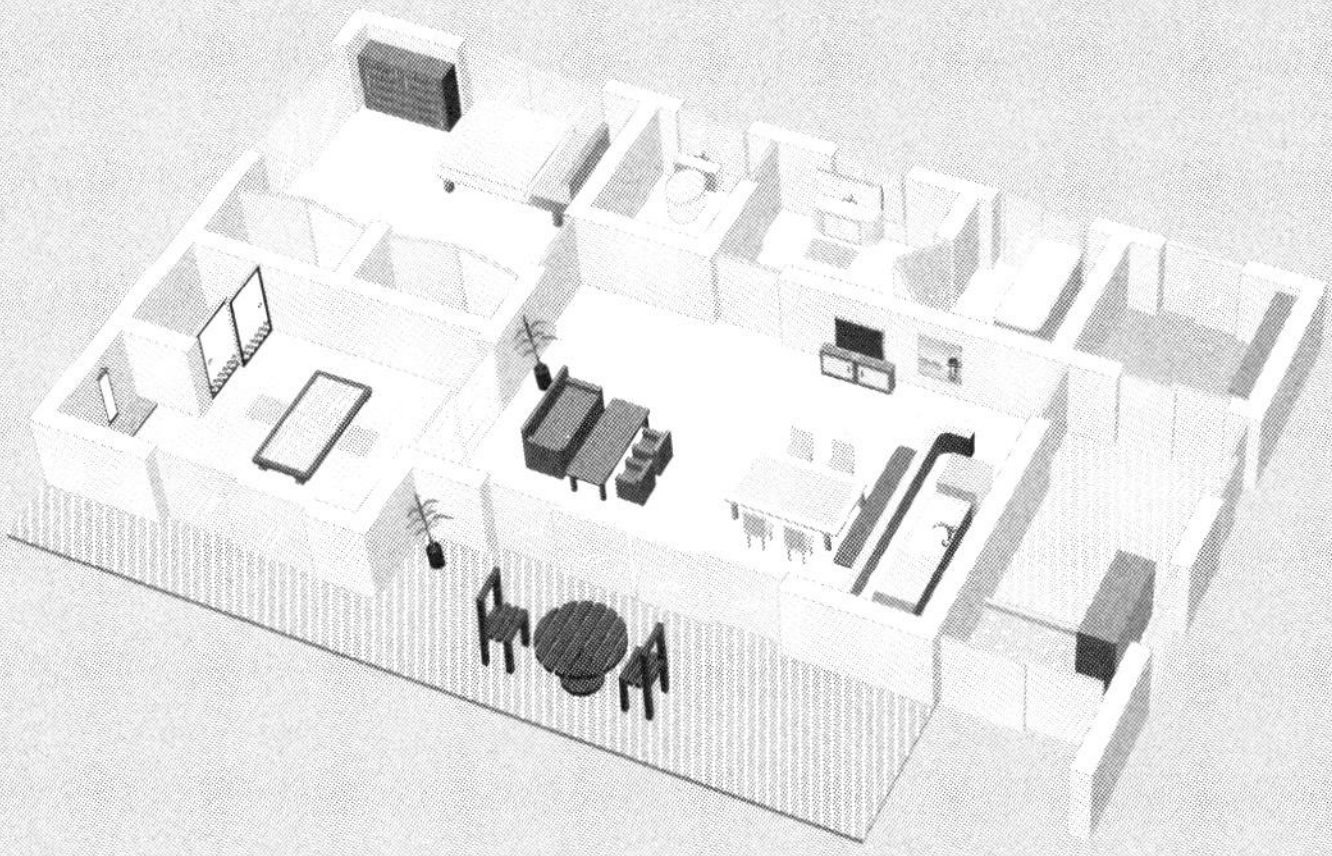

まずは「中古の区分マンション」から始める

それでは具体的なステップの内容に入っていきましょう。

まずは【ステップ１：２０００万〜４０００万円の区分マンション（ＲＣ）】です。

序章にて、「取り組みやすい手堅いもの」から不動産投資を始めましょう！　と説明しました。

そして「取り組みやすい＝一般的」という意味でした。

区分マンションは不動産のカテゴリーでは「住宅系」に位置します。

物件の概要としては広さ20平米以上の単身者用です。いわゆる１Ｒ（ワンルーム）や１Ｋといった広さだと考えてください。

もしかすると、あなたも一度は住んだことがあるかもしれない物件ですから、イメージしやすいでしょう。

ここで購入を検討するべきは「中古物件」です。

新築に比べて、中古の区分マンションには次のような優位性があるからです。

●価格が手頃なものがある…　ステップ１の２０００万〜４０００万円で物件を探す場合、中古の区分＝一室であれば築10〜15年ほどの比較的築浅のものでも購入することができる。

●利回りのいい物件が多い…　中古の場合は新築に比べて購入金額を抑えることができる。必然的に利回りも良くなる。利回りとは「年間の家賃収入を購入金額で割ったときに得られる見込み収益の割合」のこと。

●入居に関する不安が少ない…　中古の物件を購入する際には、すでに入居者が入っている物件を選ぶこともできる。新築の場合は購入してから入居者をつける必要があるが、オーナーチェンジの場合はすでに入居者が存在しているため、目先で空室の心配がない。

これらの優位性はあくまでも一部です。しかし現在、円安、人件費高、建築業の２０２４年問題により建築費が高騰している世の中なので、新築を購入するメリットは少ないと言えます。

また新築の場合は「新築プレミアム」という新築特有の価値が発生します。同じ物件でも家賃が高くつくのです。

これだけを考えると得に思えるかもしれませんが、退去者が出て次の入居者を募集するときにはすでに新築プレミアムはなくなり、一般の賃料相場に合わせることになります。

つまり、最初の賃料から下がってしまうわけです。すると必然的に利回りも下がってしまうのです。

中古の区分マンションならフルローンで始められる

前項で中古の区分マンションの優位性を説明しましたが、何より私が「不動産投資のファーストステップ」としておすすめしたい理由があります。

それが「フルローンで始められる」ということです。

フルローンとは**「頭金を入れずに物件金額の全額を金融機関からローンで借り入れて賄うこと」**です。言い方を変えれば自己資金ゼロで始められるわけです。

不動産は他の投資手法に比較して商品の価格が高額です。

株式であれば「1株いくら、○株から購入」のような縛りがありますが、それでも数十万〜数百万円の自己資金で始められます。

しかし不動産の場合は一桁も二桁も額が変わります。数千万〜億の商品を買う場合、必然的に頭金（自己資金）だけで数百万〜数千万円が必要になります。

それが、中古区分マンションであれば自己資金ゼロで始められるのです。

序章でも説明しましたが、年収500万円以上であればその8倍を融資額として考えてもらえます。もちろん「勤めている会社の規模」や「年収500万円以上」などの縛りはあります。しかし、それでも投資のハードルとしては低いと私は考えます。というより、自己資金ゼロで始められる不動産投資としては中古区分マンションが唯一だと考えてもいいでしょう。

■東京23区内の物件を売却前提で購入する

いざ購入を検討する場合には次のポイントを前提にしてください。

●東京23区内（できれば山手線の内側かその周辺）
●利回り４％以上
●築10～20年
●所有期間を５～10年
●売却前提

東京は他の地方都市に比べて人口が多いことはご存知でしょう。入居がつきやすいことを考えても、東京23区内で、できるだけ都心に近いところで探すべきです。そして、区分マンションはあくまでもファーストステップですので売却前提で購入します。ですから所有期間は５～10年程度です。

所有した上で売却するわけですから築年数も比較的浅いもので10～20年までのものを選びます。マンションは基本的にはＲＣ造（鉄筋コンクリート造）なので法定耐用年数は47年です。

仮に築15年の物件を例に考えると、所有開始の残存年数は残り32年、そこから5年所有してもまだ27年残っているので、次のオーナーが買いやすい物件＝あなたにとって売却しやすい物件になるのです。

これらの条件が揃っている物件を3000万円前後で購入します。

デメリットは「入居率」と「ライバルの多さ」

ここまで中古区分マンション投資の「良い面」を説明しましたが、一方でデメリットと言える部分も存在します。

ただ、そのデメリットを回避するポイントもありますので、後ほど解説します。

まずは、デメリットそのものについてです。

デメリットは大きく分けて2つあります。それは、**「入居率」**と**「ライバルの多さ」**です。

本章でお話ししている区分マンションの場合、広さは20平米前後のため、入居者となるのは男女を問わず単身者となります。

公益財団法人 日本賃貸住宅管理協会が発表した「賃貸住宅市場景況感調査」の統計データによると、2021～2022年までの一般単身者の平均居住期間は平均3年3カ月です。

つまり、単身者は約3年で引っ越しを行う可能性が高い、ということです。

これは言い換えるなら、入居の入れ替わりイベントが3年前後で訪れることになります。このときに次の入居者がすぐにつけばいいですが、そうでない場合は空室期間が発生することになります。ローンの返済は基本的に入居者からの家賃で行いますので、空室＝持ち出しが発生してしまうことになるわけです。マンションやアパートのような住宅系の場合は、これがデメリットになりやすいのです。

次に2つ目のデメリットである「ライバルの多さ」ですが、マンションやアパートが立ち並んでいる「住宅街（レジデンスエリア）」には、周辺や近隣に同様のマンションやアパートが建設されています。

国土交通省が公表した2023年度の新設住宅着工戸数は約80万戸、厚生労働省が公表している2023年度の出生数は約72万人、大学生、社会人から一人暮らしをすることを鑑みると、今後より空家が多くなることが分かります。この傾向は都心に近づくほど顕著です。

不動産デベロッパー（開発業者）はビジネスですから、当然空いている土地があればそこにマンションやアパートを建てようとします。

もしも所有している物件の隣に新しくマンションが建った場合、それがあなたのライバルになります。

新築は建物の綺麗さや設備や間取りなどで中古に比べて有利です。

賃料が高いデメリットはありますが、それでも日本人は新築が好きなので、収入が上がったタイミングと重なったりして引っ越される可能性があるのです（引っ越し費用との兼ね合いもあるのですが）。

さらに新築だけでなく、他の中古マンションや、所有したマンションの別の部屋もライバルになる可能性があります。

区分マンション投資では複数室あるうちの一室を所有します。仮に20室あるとしたら残りの19室は他のオーナーが所有しており、ライバルとなるわけです。

仮に所有している部屋が空室になった場合、他の空室の部屋と同じ賃料であればライバルになるでしょう。さらに他の部屋が、５０００円安いとしたら、設備、間取りにそこまで変わりがなければ先に決まるでしょう。

また現在は、不動産賃貸募集サイトに「過去の成約賃料」が記載されています。もしもあなたの所有している部屋が空室になって入居付けを行う場合でも過去の成約賃料が掲載されるので、あなたが家賃8万円に設定していても「4年前は7万円でした」という履歴が載っているので、過去の賃料とライバルの賃料、周辺の賃料にも左右されてしまうのです。

これはBtoCのビジネスであるがゆえに起こることです。

国の方針としては「入居者に優しく」なので、過去の履歴を載せることで入居者にとってはありがたく、検討材料になるわけです。

しかし、オーナー側にとっては困った情報です。

このような入居率(入居割合)の問題と複数のライバルが存在することは、マンション・アパートを問わずBtoCの不動産ビジネスであればついて回る問題です。次章以降でも検討材料としなければいけないことなので、この時点で覚えておいてほしいと思います。

オススメは「オーナーチェンジ」と「空室率５％以下」の物件

メリットとデメリットが存在する中古区分マンションですが、これらを加味した上で選ぶには２つのポイントがあります。

それが「オーナーチェンジ」と「空室率５％以下」の物件です。

まず、オーナーチェンジ物件についてですが、これは所有者（オーナー）を文字通り変更（チェンジ）するだけの物件のことです。

すでに入居者がいる状態で所有者だけが変わりますので、購入後に改めて入居付けを行う必要がなく、買ってすぐに賃料収入が見込めます。入居者にとってもデメリットがなく、ストレスフリーです。

ただし、オーナーチェンジ物件には次のようなデメリットもあります。

●入居者との契約がそのまま引き継がれる…　前オーナーが現在の入居者との間に結んだ契約

（例えば、ペットOKや賃料の値引きなど）がそのまま引き継がれ、変更・破棄ができない。

●室内の状況を確認できない…　入居者がいる状態での物件売買になるため、部屋の中の状態を確認できない（極めて困難）。

●入居者の情報を事前把握できない…　すでに入居者がいる＝自分で入居者を選べないことになる。賃料の滞納や騒音問題がなく、喫煙などの入居のルールを守る優良な入居者であればいいが、問題のある場合でも会って話をすることは極めて難しい（購入前に管理会社に問い合わせることで教えてもらえる可能性あり）。

ただそれでも、入居付けをする必要がないオーナーチェンジ物件であれば、購入してすぐにインカムゲインが発生するため空室リスクを避けられます。

また、入居者の情報についても、購入の検討段階で秘密保持契約を結ぶことで賃貸借契約書を開示してもらえますので、不安を払拭することができます。

■「レントロール」が中古物件の精査の材料になる

次に「空室率５％以下の物件」ですが、より正確に言えば「過去5年間、同家賃で空室率が５％以下の物件」ということになります。

このような物件であれば売却益が出やすいのでおすすめです。

中古物件全般に言えることですが、新築と違って「レントロール」というものが存在しています。「不動産の賃貸借条件を一覧表にしたもの」のことで、物件を仲介している不動産会社に依頼することで手に入ります。

まずはこれを取り寄せましょう。

レントロールには月ごとの収支が記載されています。

「毎月いくら入ってきて、いくら出ていったのか」「空室率がどのくらいか」「家賃、管理費、修繕費の増減」が見えますので、物件を購入するときの検討材料になるのです。

このときに注目すべきなのが過去5年間の賃料と空室率です。

賃料が一定のまま変わっていなければ、ローンの返済が一定で減っていくので、その差分が利益に変わります。

さらに5年＝60カ月の間に何カ月の空室があったかを数えます。これが5％以下――つまり、3カ月以下になっていれば購入後も安定的にインカムゲインを得られる物件かを精査できます。

安定したインカムゲインと売却時にキャピタルゲインを得られる可能性が高い物件はギャンブル性が低く、未経験から始めるには最適です。

このような物件を探し出して購入するようにしてください。

■購入前に「出口戦略」を立てておく

本章で説明している区分マンションは、ファーストステップとして売却前提であることをお話ししました。

もちろん、所有し続ける方法論もあるので絶対に売却しないといけないわけではありませんが、ひとまずは売却前提で話を進めます。

売却する際に価格を左右するのは「賃料」と「利回り」です。

例えば、月の賃料が10万円の物件を例にすると、年間で１２０万円が収入となる計算になります。それを利回り４％で割り戻すと３０００万円になります。不動産価格はこのような仕組みで決まるのです。

当然、利回りが高いほうが次の人が買いやすくなります。つまり、現オーナーにとっては売りやすくなります。

そのために大事なのは、購入時から売却時までの賃料が「下がっていない」ということです。上げられれば良いですが、安全策としてまずは下げないことです。

賃料を維持できていれば利回りは計算上変わらないので取得価格に近い金額で売れますし、さらに保有期間中も一定のインカムゲインが得られます。

ですから価値が下がらないエリアを購入前に選定することがポイントになってきます。レントロールで過去5年間の収支や入居率を確認するのはそのためです。

購入前にこのような「出口戦略」を踏まえた上で物件を選ぶことが、ファーストステップ成功への道なのです。

表面利回り（グロス利回り）＝（年間家賃収入÷物件価格）×100

計算例：土地・建物費用が3000万円、家賃10万円のマンション1室の場合

年間家賃収入：10万円×12カ月＝120万円

表面利回り：（120万円÷3000万円）×100＝4.0％

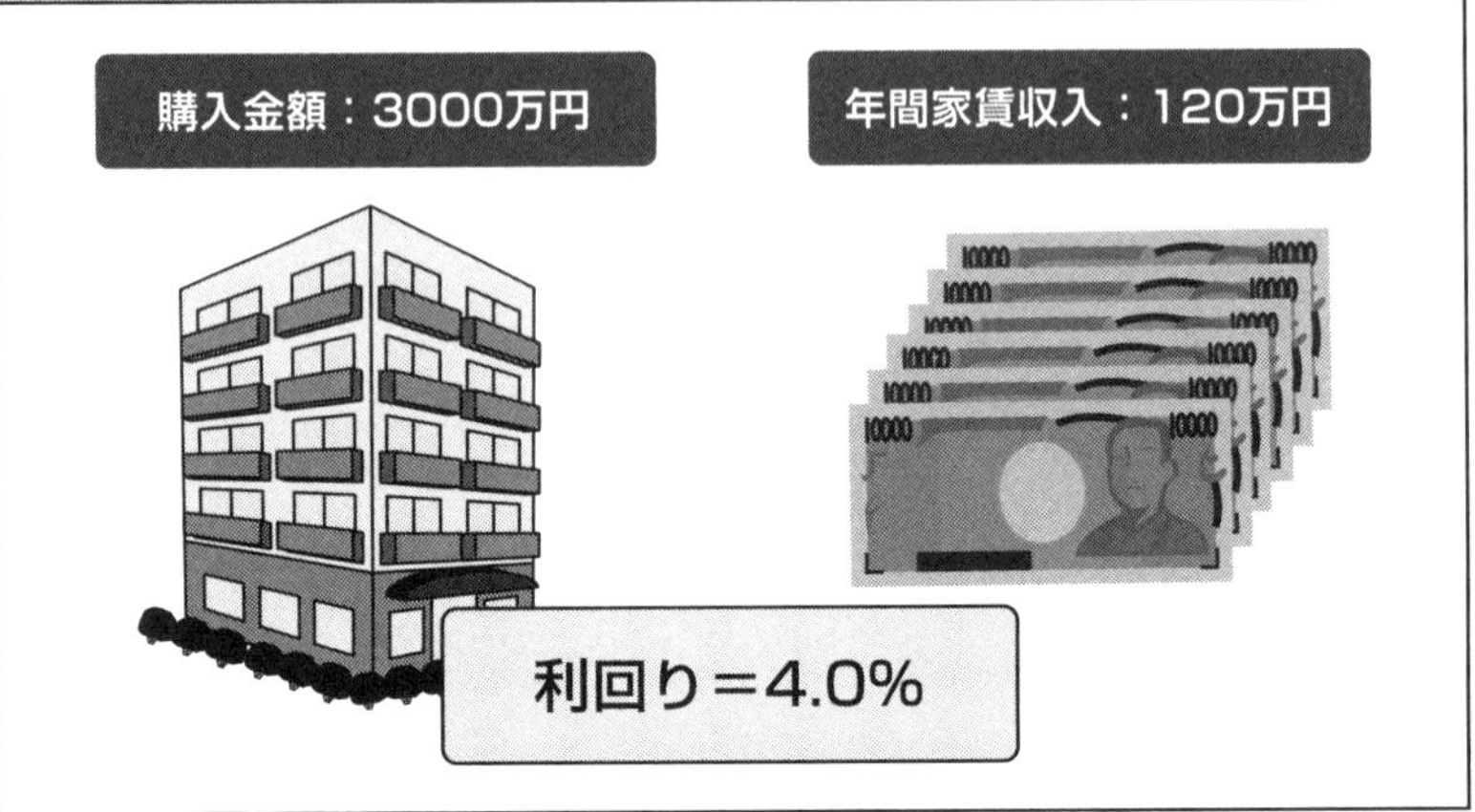

実質利回り（ネット利回り）＝{（年間家賃収入−年間支出）÷物件価格}×100

計算例：土地・建物費用が3000万円、家賃10万円のマンション1室、年間支出20万円の場合

年間家賃収入：10万円×12カ月＝120万円

実質収入：120万円−20万円（管理費・修繕積立金・税金等）＝100万円

表面利回り：（100万円÷3000万円）×100＝3.3％

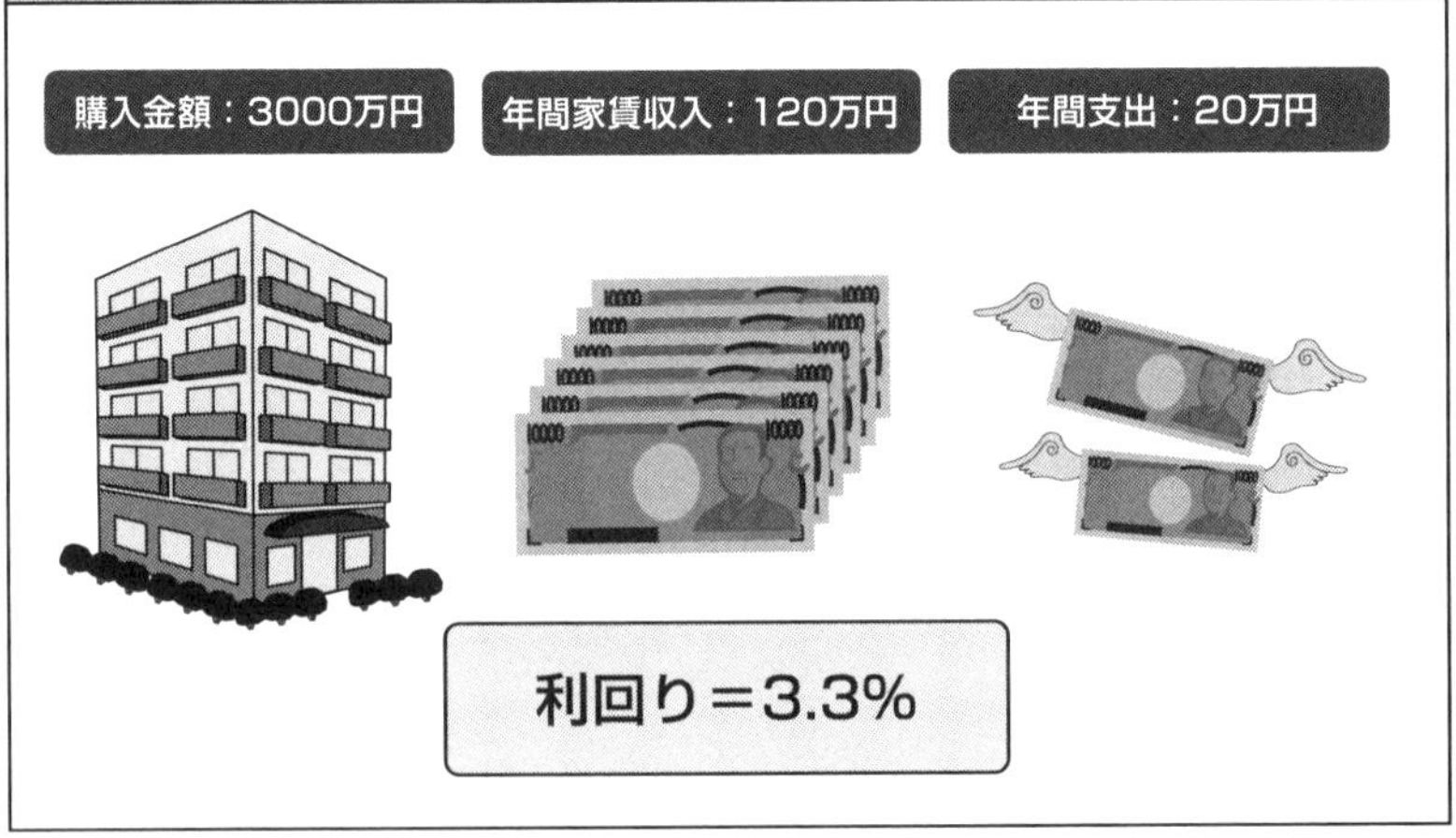

検索するときは「駅力」「徒歩分数」「間取り」「近隣状況」に注目

ではその上でどのように物件を選ぶべきなのでしょうか？

例えば2023年現在、「住みたい街ランキング」の首都圏1位は、6年連続で「横浜」です。次いで第2位が吉祥寺（東京都武蔵野市）、第3位が大宮（埼玉県さいたま市）、第4位が恵比寿（東京都渋谷区）、第5位が新宿（東京都新宿区）と続きます。これらの街には「住みたい」と思わせる魅力があります。

あなたが物件を探す際に、ランキング上位のこれらの都市を必ず選べるかというと、全員ができるとは言えないでしょう。

しかし、他の場所（東京23区内）で探す場合でも「住みたいと思える条件が揃っているのか」を調べることは非常に重要です。

まずはエリアを決めます。23区内で「ここがいいな」と思える候補をいくつか決めたら、それを不動産サイトで探します。同時に、そのエリアの「不動産会社」へ連絡を取ります。

不動産サイトにはインターネット・サイト「楽待」「健美家」などがあり、楽待はスマートフォン・アプリもあります。

物件を調べると、その物件を取り扱っている不動産会社がわかるので、連絡を取ってみましょう。
※不動産投資の情報サイト
【楽　待】https://www.rakumachi.jp/
【健美家】https://www.kenbiya.com/
その上で、検索するときは「駅力」「徒歩分数」「間取り」「近隣状況」の4つに注目をしてください。時には現地に足を運んで、あなた自身の目で確認することも必要だと思っておきましょう。
1つずつ解説していきます。

■「駅力」は人が集まる場所だと高くなる

まず「駅力」は、駅そのものやその周辺が栄えているか、どの程度住みやすいかを示す指標です。造語ではありますが一般的になってきており、駅力が高い＝駅前が栄えていて住みやすいと考えられます。

他にも複数の路線が使用できるターミナル駅であったり、駅前が開発（再開発）されていたりする場合も、現在の魅力だけでなく、将来的な資産性も高いと考えられ、駅力が高いと言えます。

このような駅力が高いエリアの物件は必然的に人が集まりやすかったり、住みたい人が注目するため、賃料が下がりにくい傾向にあります。エリア内の主要駅を調べて、その駅の乗降客数を調べ、増えているところであれば人が集まる場所だと考えることもできます。

より深掘りするには、そのエリアの空家数や人口推移（増減）を確認すると見えてきます。不動産サイト「HOME'S（https://toushi.homes.co.jp/owner/）」のオーナー向けのサイト「見える！　賃貸経営」で調べることが可能です。Google検索で「ホームズ　賃貸経営」と検索すれば表示されますので、訪れてみてください。

■「徒歩分数」は〝駅近〟だからいいとは限らない

次に「徒歩分数」です。

住むための物件を探す際に最も優先度の高いポイントとして「駅からの距離」があり、当然

〝駅近〟であるほうが人気のように思われています。
しかし、一概にはそうとは言えないところがポイントです。

先に答えを言ってしまうと、区分マンション投資で所有する物件の駅からの距離は徒歩8分以内、できれば4～7分くらいがベストです。

必ずしもそれ以下――例えば駅から徒歩1～3分がいいとは限りません。

というのも、駅周辺は商業エリアであることが多く、電車や工事、商店が出す騒音の問題や人の往来が多いことでのプライバシー問題、飲食店があることで酔っ払いや害虫問題もあるからです。

所有する物件はあくまでも住居用です。徒歩で通うのに差し支えない距離であれば、極端に近いよりは程良く離れていて閑静な住宅街のほうが住みやすさでは上なのです。

また、気をつけなければいけないのは「駅から徒歩○分」という文言に隠された想定外の要素です。

例えば「渋谷駅徒歩5分」という物件があるとして、本当に5分で到着できるかというと〝渋谷駅〟には可能かもしれませんが、目的のホームには着かない可能性もあります。

渋谷駅は常に再開発が行われているような大規模駅ですが、例えばハチ公前からＪＲ線に乗る場合は徒歩１～２分で到着できます。しかし、東京メトロ副都心線や東横線のホームまで行こうと思うと５～10分は歩かないといけません。

同じ「渋谷駅」でも各線のホームまでの距離が異なるわけです。これを「駅から徒歩○分」だけで考えてしまうと、思わぬ遠距離になってしまう可能性があるのです。

物件を検討する際には、基本的には「駅から徒歩○分」で考えてかまいませんが、それでもこのような落とし穴があることは覚えておきましょう。

■「間取り」は自分にとっても住みやすいかで考える

続いて「間取り」です。これはシンプルです。

他の物件よりも空室期間が長い物件は、一般的ではない間取りになっているものが少なくありません。

例えば三角形の間取りの部屋などです。このような部屋の場合、家具をうまく設置することができず、家具と壁の隙間に使い道のないデッドスペースが生まれてしまい、四角形の部屋に比べて置ける家具が少なくなってしまいます。

他の要素でも絡んでくることですが、間取りに関しては、あなた自身が住む場合に「その部屋に住みたいかどうか」「住みやすいと思えるかどうか」「家具の配置をイメージしやすいか」で考えてもらってかまいません。

あなたが住みにくいと思う間取りだった場合、入居者にとっても同じ感覚であることが多く、選ばれない＝入居がつかない物件になってしまいます。

単身者用の悪い間取り例

■１Ｋ

①収納スペース（洋室、靴、食器など）が少なく追加で収納をつくる必要がある。

②キッチンのサイズによっては、家電が制限されること、料理がしづらい。

③リビング、キッチン、トイレなどの境目にドアがあるため、掃除の手間が増える。

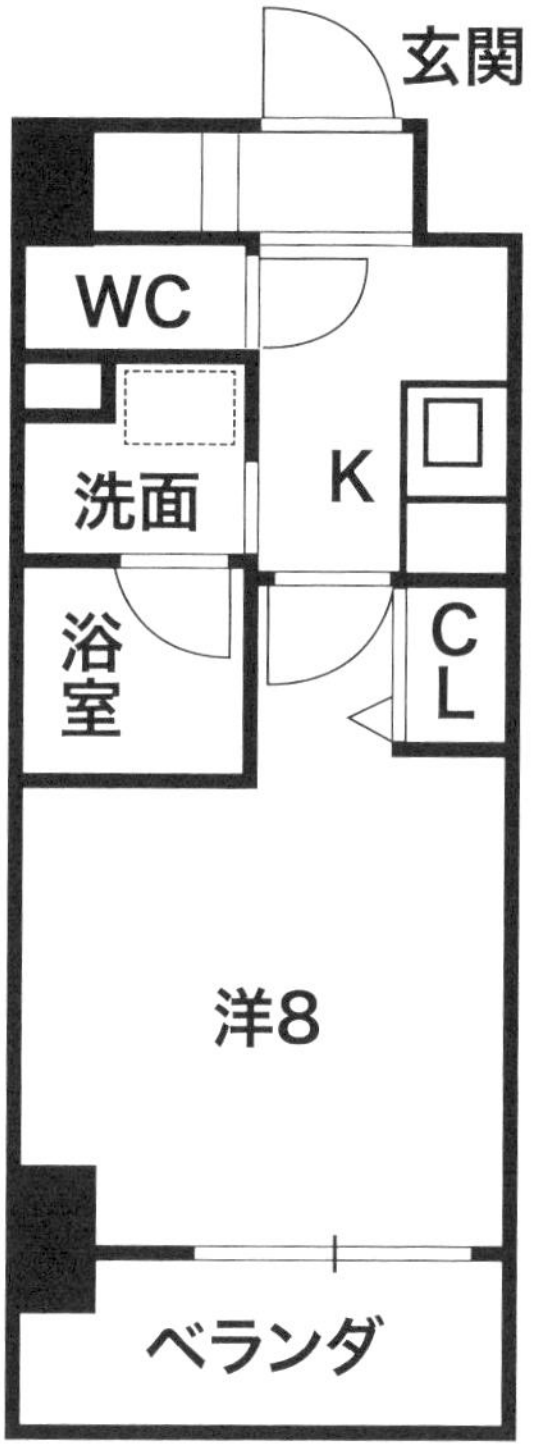

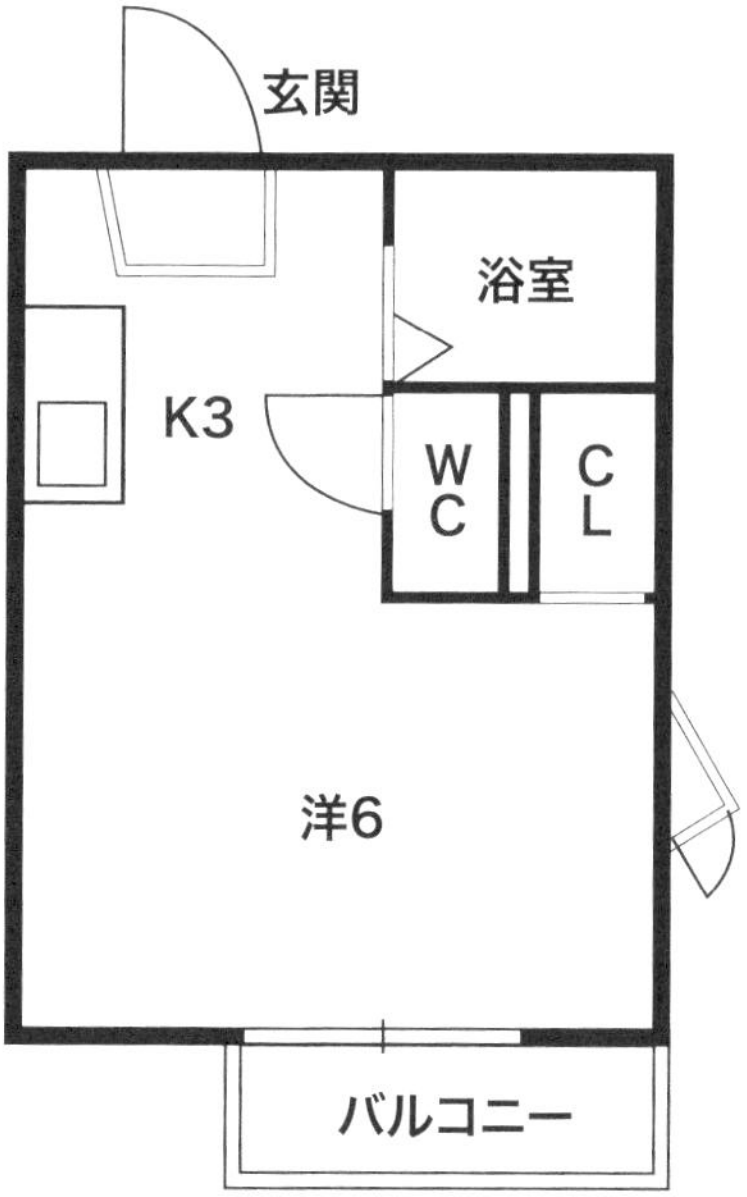

■１Ｒ

①玄関にドアがないため、配達の際に居室が丸見え。

②料理や水廻りの匂いが部屋全体に広がる。

③室温調整に時間と利用料金があがる。

ファミリー向けの悪い間取り

■ファミリータイプ

①複数に部屋が区切られるため、広さや形による家具の制限がある。

②トイレ、風呂、洗面所が一体化されていて同時利用ができない。

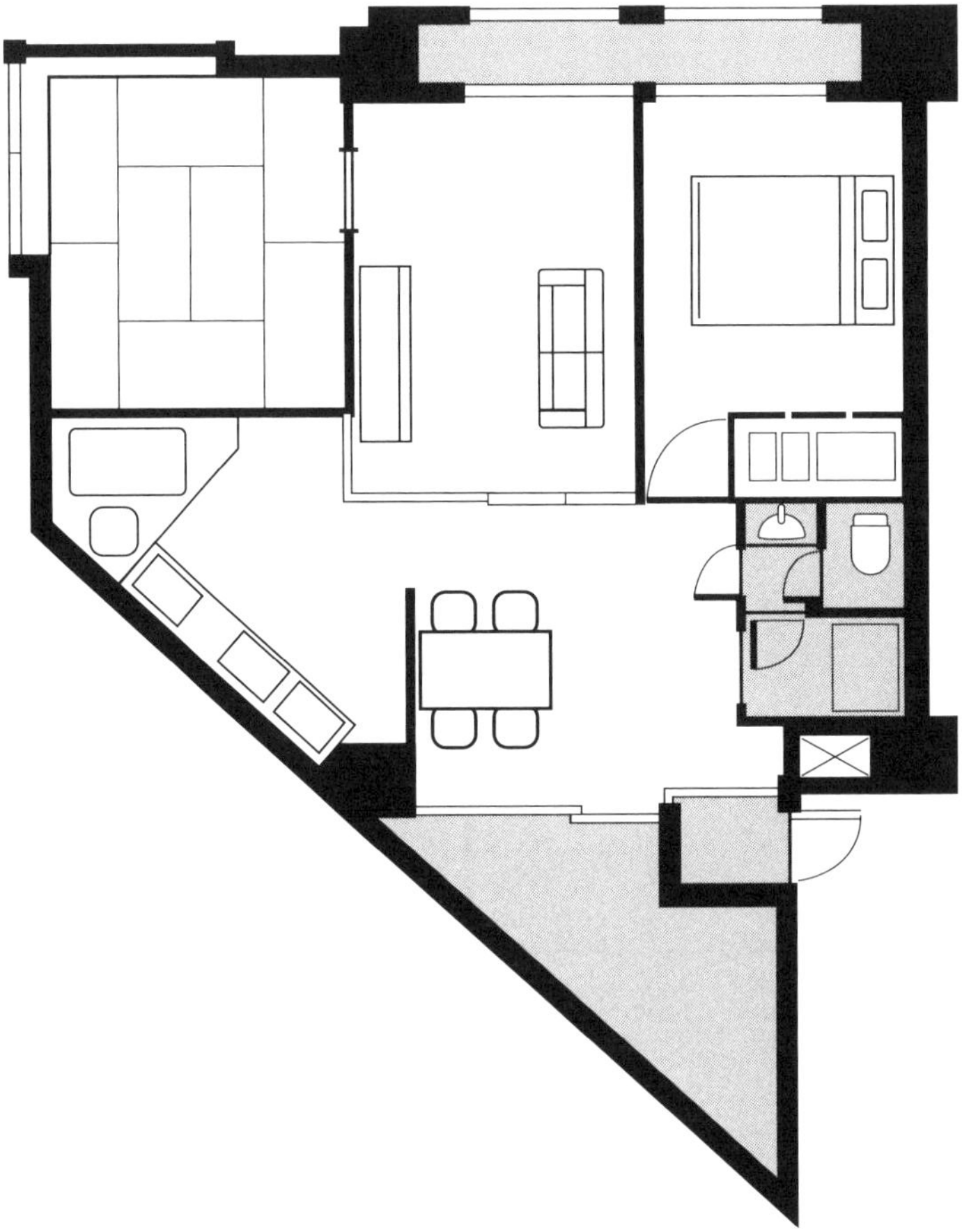

賃貸物件における窓の例

- 窓の位置によっては、採光がよくない。
- 隣の家や道路からリビングが丸見えになる。
- 隣人や道路からの視線が気になってしまう。
- 窓の大きさ、形によってはカーテンのオーダーが必要。

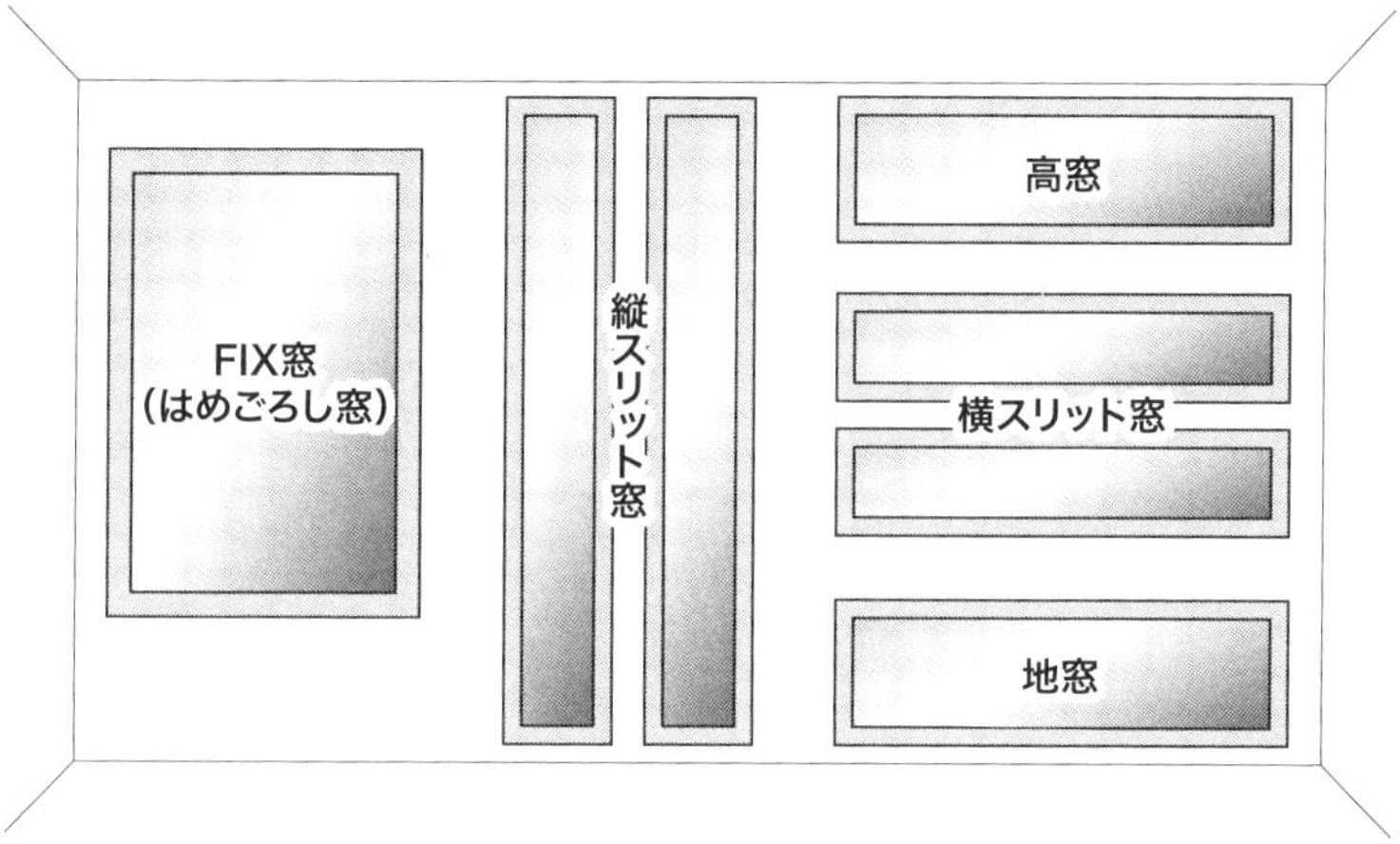

■利便性と治安をチェック

最後に「近隣情報」です。

これも間取りと同じく、その物件の周辺があなたにとって住みやすいかどうかで考えてもらってかまいません。

例えば、徒歩2~3分圏内にスーパーマーケットがあったり、駅から物件までの道の途中に飲食店があったり、スポーツジムがあったりすれば、仕事帰りに立ち寄れる利便性の高いエリアだと考えることができます。

他にも、単身者の場合クリーニング店が近くにあると、ワイシャツを気軽に出しに行けて便利です。

これは駅からの距離の話とも関連してきますが、例えば徒歩5分の物件と徒歩7分の物件があるとして、後者の場合は目の前にコンビニやスーパーマーケット、コインランドリーがあったりすることもあります。

すると利便性としては駅から徒歩7分の物件のほうが高くなります。

他にも、東京は公共の交通機関がかなり整備されており、電車だけでなくバスも主要な交通手段です。電車の駅からは徒歩7分でも、バス停が徒歩1分のところにあれば、意外と利便性は高かったりするのです。

利便性以外にも、住みやすさで言えば治安も大事です。

物件の近くに大きめの公園や学校（小学校、中学校、高校）がある場合は比較的治安がいいです。治安がいいことで住みやすさにつながるので、近隣にあるコンビニの取扱商品や張り紙の有無などもチェックすべきポイントと言えるでしょう。

また、街は昼と夜とで顔を変えます。昼間は良くても夜になると街灯が少なくて暗かったりすると治安の面では不安です。

ですから、実際に足を運ぶ場合は昼と夜の両方を訪れ、どのような変化があるかを自分の目で確かめるようにしましょう。

《付録》あるあるトラブル対処法「区分マンション編」

本書では各章の最後に、不動産投資であるあるなトラブルと、その対処法を解説します。最初は「区分マンション編」として、住居系不動産投資をする場合について回るトラブルを網羅的に挙げていきます。

まず、入居者の確認の重要性です。

オーナーチェンジ物件のメリットとデメリットは説明しましたが、入居者がいる状態での購入の場合、その入居者が「クレーマー気質かどうか」「家賃滞納の過去があるかどうか」は確認すべきポイントになってきます。

水漏れ、虫が出る、電球の交換など、不動産には時間の経過とともに発生する何かしらのトラブルがあります。そんなとき、場合によってはオーナー側の負担になることがあります。

もちろん、オーナーが修繕すべき箇所もありますが、トラブルがあった際に入居者がクレーマー的なコミュニケーションを取るかどうかは知っておいたほうが無難です。

他にも、家賃の滞納が過去にあった場合、1回目があると2回目も発生する可能性があります。これらのことはレントロールを見るか、不動産会社を通して管理会社に確認してください。その上でクレーマー気質ではなかったり、家賃の滞納がないようであれば、それが安心材料になります。

次に不動産会社や管理会社とのやり取りですが、基本的には「メール」で行うようにしてください。電話や面会して口頭でのやり取りをした場合、あとで「言った／言わない」の問題に発展するからです。これは購入前も購入後も同じです。

電話でやり取りをした場合でも、必ずやり取りした旨をまとめた文章をメールでもらうか、オーナー側がまとめた文章をメールで送信し、相違がないかを返信メールでもらうようにしましょう。もしも何かトラブルになったときに、それが証拠になるからです。

続いて、空室が発生した場合の話です。

オーナーチェンジ物件であっても現在の入居者が退去すれば空室になりますし、空室の物件を購入した場合はすぐに入居付けを行わないといけません。

その際は、物件周辺の入居情報を不動産会社に依頼して確認してもらいましょう。また同時に、オーナーも所有物件周辺で似たような物件を不動産サイト（SUUMOやHOME'Sなど）で調べてください。

そして、自分の物件の賃料設定が間違っていないかを確認します。

その上でポイントとなるのは、**できる限り賃料を下げない**ことです。

繰り返し説明しますが、賃料を下げると利回りが悪くなります。それは売却価格に影響します。ですから、1～3月の繁忙期以外で問い合わせが少ない時期には入居付けのために「広告費増額」を実行してください。

広告費とは、要するに入居を決めてもらった賃貸会社に支払う謝礼金です。

通常は賃料の1カ月分ですが、これを2カ月分にアップして、優先的にあなたの物件に入居付けしてもらうようにするのです。1カ月分プラスアルファの持ち出しは発生してしまいますが、決まらないよりはずっと良いのです。

賃貸会社も商売なので、自社で決められない場合は他社に依頼をします。その場合、広告料は入居を決めた会社と折半になりますが、２カ月分を支払う形であれば1カ月分を確保できるため優先的に決めてもらえます。

第2章

アパートなら手堅く「一棟」にチャレンジできる

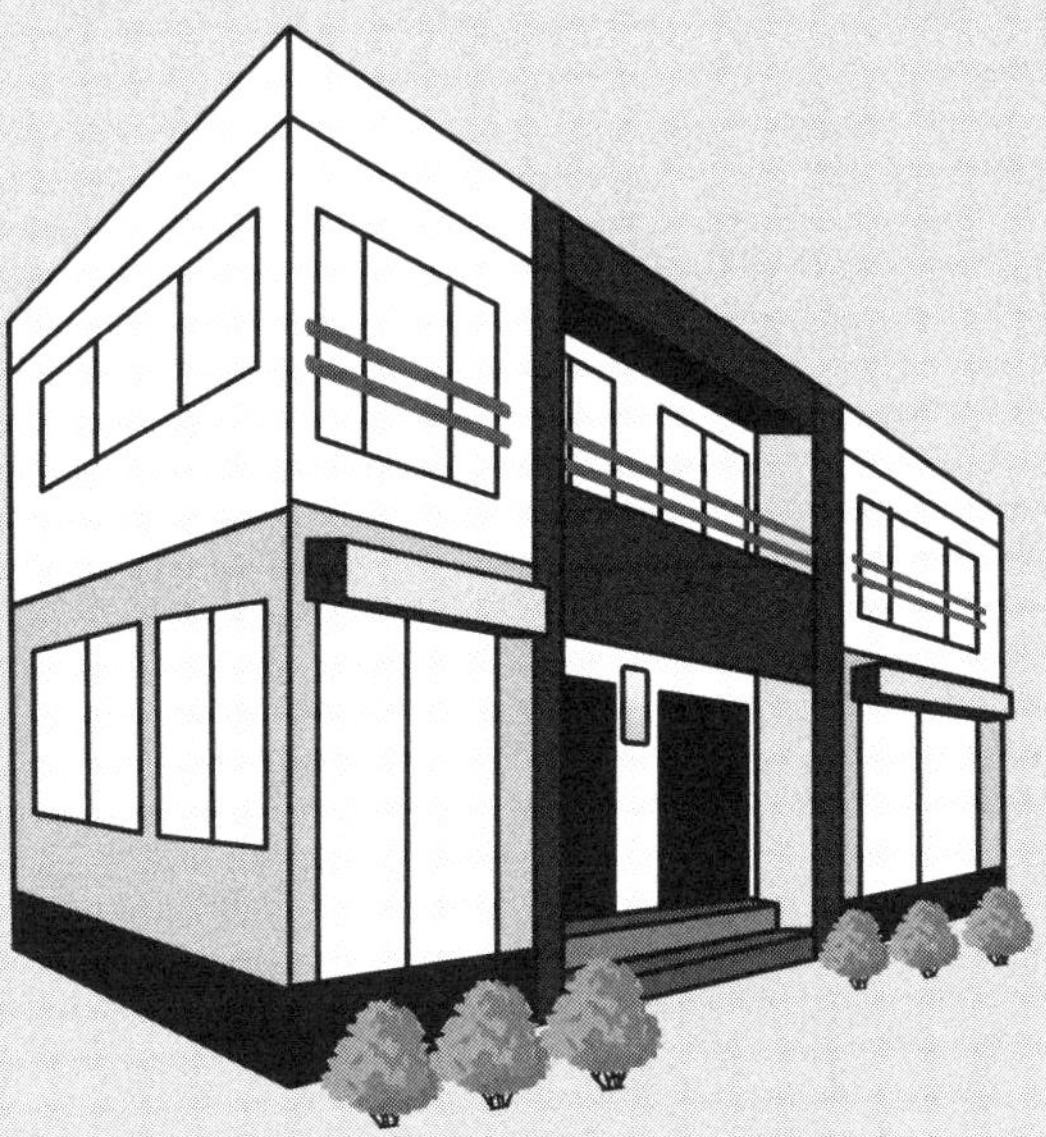

区分マンションで鍛えた「物件の見極め力」で次のステップへ進む

ファーストステップで区分マンション投資を経験すると、不動産投資がどのように行われるのか、その流れが理解できます。次のセカンドステップに入っていきましょう。

【ステップ2：6000万〜1億5000万円の一棟アパート（木造）】です。木造にすることで、RC造よりも費用を抑えて一棟にチャレンジできます。

一棟アパートも不動産のカテゴリーでは「住宅系」に位置します。

物件の概要としては広さ20平米以上の単身者用です。間取りとしては1Rや1Kにはなりますが、区分ではなく一棟なので部屋数が6〜12部屋（2〜3階建て）と複数になることが一番大きな違いと言えるでしょう。

購入を検討する物件は「新築」「中古」のどちらも選択肢にはいります。

どちらの場合であっても購入時にチェックする大枠の部分は同じですので、捻出可能な自己資金によって購入する物件の価格帯や、新築か中古かの選択肢もある程度決まってくるはずです。

チェックポイントについては後述します。

第1章では区分マンションを売却前提で購入することを説明しましたが、ファーストステップにおいて、インカムゲイン（家賃収入）で１００万円、キャピタルゲイン（売却益）で４００万円の合計５００万円の利益を出すのが目標です。

もしくはその間に本業で貯金をして自己資金を貯め、区分マンションのインカムゲイン（家賃収入）と合わせて５００万円が用意できているなら、区分マンションを売らずに一棟アパートにチャレンジしてもらってもかまいません。

区分マンション投資で経験したことを幅広く活かしていきましょう。

自己資金500万円で「一棟アパート」にチャレンジできる

私が区分マンションの次に一棟アパートをおすすめする理由は複数あります。中でも一番大きな理由は自己資金をかなり抑えた状態でスタートできることです。さすがに本章以降のステップではある程度の自己資金が必要になります。それでも一棟アパートであれば、物件価格の1割の500万円から始められます。

もちろん、それ以上の自己資金を用意できるのであれば、さらに大きな融資を受けられますので物件規模の幅が広がります。

価格帯としては、中古物件の場合5000万～6000万円、資金に余裕がある場合でも1億2000万円くらいまでで、築10年前後の物件がいいでしょう。新築の場合は8000万円～1億5000万円くらいまでです。8000万～1億2000万円の場合は新築か中古のどちらを選ぶかを考える必要が出てきます。

その辺りは自己資金と相談でいいでしょう。ただし、保有期間は10年、長くても15年ほどを想定しています。

何より一棟の場合は区分と違って収益性が豊かになります。

昨今、不動産市場では、区分マンションが利回り3～4％のところ、アパートは6～7％の利回りのため、収入が多くなります。

さらに土地も手に入るので、将来的に土地の価値が上昇したときには売却益に反映されやすく、キャピタルゲインを伸ばせる可能性もあります。

1件目の区分マンションで成功できたら、もう一度、区分マンションを購入するという選択もありますが、一棟アパートに挑戦したほうがスケールメリットを取れるのです。

■一棟だから空室リスクを他の部屋でまかなえる

スケールメリットとは「規模のメリット」とも言われる和製英語です。同種類のものを複数集めることによって、単体よりも大きな結果を出せることを意味します。区分マンションであれば一室ですが、アパートでも次章で解説するマンションでも一棟の場合は部屋が複数戸あるのでスケールメリットが高まるわけです。

そしてこのことはリスクヘッジにもつながってきます。

例えば、区分マンション一室の場合、空室リスクが高くなります。退去が発生した時点で収入はゼロになります。

しかし、一棟の場合は1～2部屋の空室があっても、残りの部屋に入居者がいれば収入はゼロにはならず、ローン返済も全体の収入からまかなうことができます。

本書でおすすめしている一棟アパートは6～12部屋なので許容できる空室の割合は変動しますが、空室が起きたときに「早く入居付けしないと持ち出しが発生する」という精神的負担を大きく軽減できるのです。

■一棟だから物件アレンジの自由度が高い

加えて、一棟を持った場合には土地と建物のすべてがオーナーのものなので、住空間をどう充実させ、入居者にとって住みやすく、選ばれやすい物件にするかも自由になります。

要するに区分に比べてオーナーの自由度が高いのです。

アレンジメントの一例をご紹介しましょう。

●敷地内に自動販売機を設置する…　わざわざコンビニまで行く手間を減らすことができる。自動販売機の設置費用として、売上の20%～30%の約3000円～5000円／月が得られる。

●宅配ボックスを設置する…　ＥＣサイトやリモートワークも一般化し、何かと配達してもらうことが増えた昨今、宅配ボックスを設置することで再配達を抑制でき、注文したものが欲しいときに届くストレスのない日常を過ごすことができる。

●ゴミステーションをストッカーにする…　ネットをかぶせるだけのものからメッシュのものや金属製のストッカーにすることで害虫、害獣の被害が軽減し、衛生環境が変わる。特に夏場は匂いが発生しやすいのでメリットが大きい。

●自転車置き場にサイクルポートをつける…　屋根をつけることで雨風にさらされるのを防いだり、近年は東京でも数年に一度大雪になるため、それを防ぐことにも機能してくれる。

●電動キックボードを設置する…　２０２３年7月の法改正によって16歳以上なら運転免許不要で電動キックボードに乗れるようになった。ＬＵＰのような電動キックボードや電動アシスト自転車を敷地内に導入・設置することで、仮に駅から距離のある物件でも優位性を持てる。

●バイク置き場を作って駐車場代を得る…　自転車置き場のエリアの一部にラインを引いて原付バイク（自動二輪でも可）置き場にし、駐車場代を３０００〜５０００円／月で徴収することで、間接的に賃料アップを実現することができる。

あくまでも一例なので、あなたにとって「こんなものがあると住みやすいな」というポイントがあれば他のものを追加するのでもかまいません。

例えば、照明を設置して夜の安全性を高めたりするのもいいでしょう。

ライバルと差別化を行うことで、次に解説する一棟アパートでのデメリットを少しずつでも縮小させることができるのです。

アレンジ例をすべて配置した例

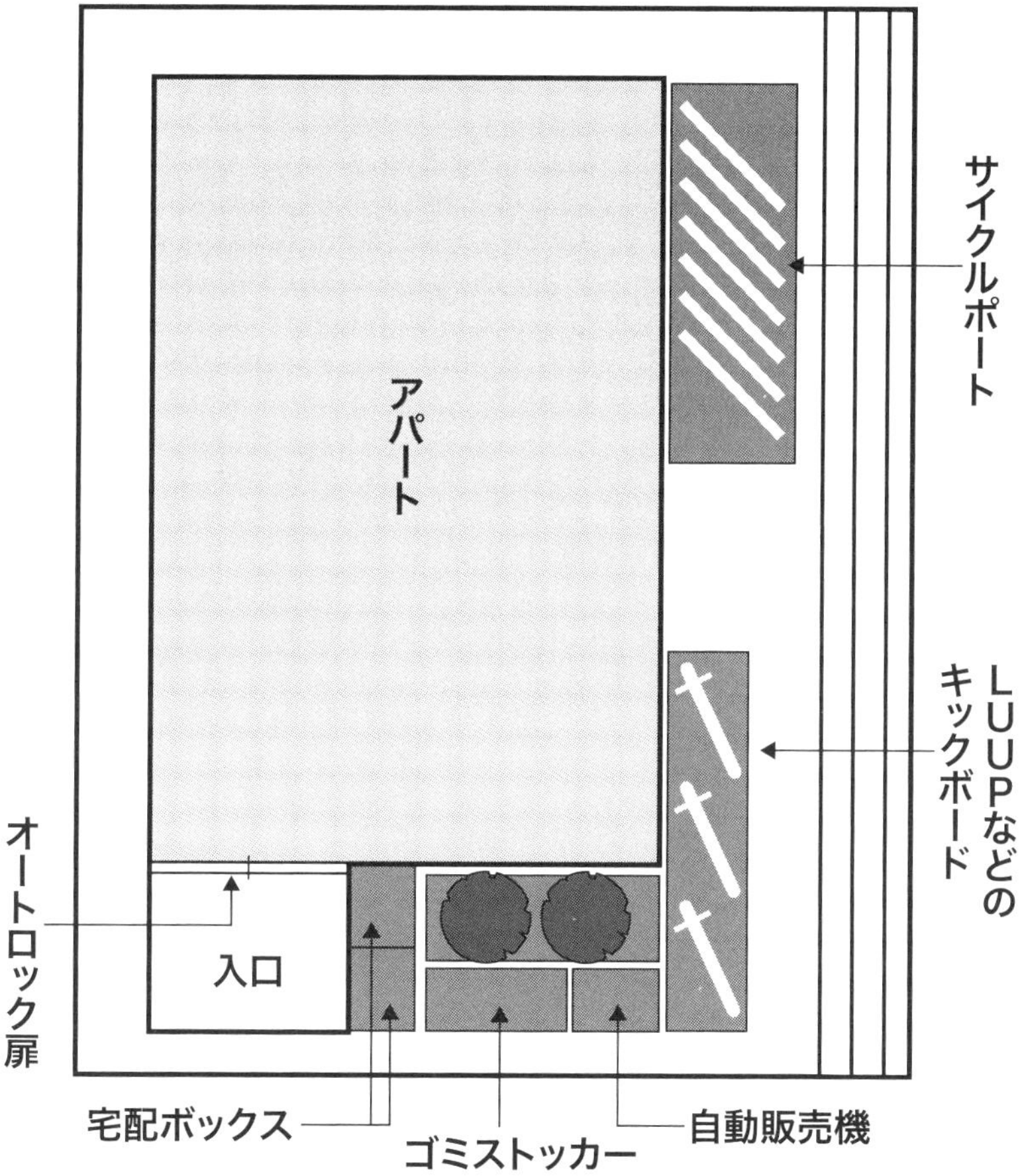

一棟アパートにありがちな3つのデメリット

少ない自己資金で始められ、自由度も高い一棟アパートですが、一方で多少のデメリットもあります。

■デメリット1：参入障壁が低くライバルが多い

1つ目は参入障壁が低く、ライバルが多いことです。

2018年に起きた「かぼちゃの馬車事件」（シェアハウスの建設・管理に関わる企業が経営破綻し、オーナーへの賃料が未払いとなった事件）以降、一棟アパートへの金融機関の融資が厳しくなり、物件金額の1～2割の自己負担を求められるケースが増えています。

あるいは自己資金を抑える代わりに金利を高く設定する金融機関も出てきています。それでも一棟アパートの規模であれば建設できる土地は未だに多く存在し、融資も下りやすいため、一棟アパート投資への参入は今後も増えつづけるといえます。

要するにライバルが多いわけですが、加えて少子化の影響で労働人口自体が減り、入居者の絶対数が減っています。

そのため賃料設定が重要なポイントになってきます。ここを失敗すると入居がつかなくなりますので注意しなければいけないのですが、とはいえ極端に賃料を下げると手残りが減ってしまいます。周辺相場と比較しながら勝てる賃料設定を検討したり、選ばれやすい物件にアレンジする施策が必要になることがあるのです。

■デメリット2：駅からの距離が遠くなってしまいがち

2つ目のデメリットは駅からの距離です。

あなたが住んでいるエリアを想像してもらいたいのですが、基本的に駅の周辺徒歩1～3分圏内は商業地域で、商店や市場などが並んでいると思います。

そこからさらに範囲を広げて徒歩5分までの圏内になるとマンションが多く立ち並んでいて、そこからさらに3～5分くらい歩くとアパートが増えてくると思います（実際は戸建てやマンションが混在していたりします）。

つまり、アパートの場合は駅からの距離がマンションに比べて遠く、徒歩10分前後で検索しないと上がってこないのです。

これは購入で探す際も、賃貸で探す際も同様です。

ただし、駅からの距離は必ずしもマイナス要素になるかというとそうではありません。駅から離れた住居エリアになれば、それだけ閑静だったり、治安が良いなど住みやすさが高まります。

また、東京であれば特に駅から遠くてもバス停が近くにあったり、スーパーは遠くてもコンビニがあったり、という別の利便性もあります。

他にも先述のとおり、アパートをアレンジする際に電動キックボードや自転車を設置したりすることで実質的な距離の問題を解決することもできます。

■デメリット3：騒音とセキュリティの懸念がついて回る

3つ目は木造の建物そのものについて回る問題です。

それが「騒音」と「セキュリティ」です。

まず騒音ですが、木造の場合はＲＣ造に比べて防音性が低いです。

そのため上階の人の足音が気になったり、隣室の住人のテレビの音やスピーカーから出る音楽、会話をしている声などが気になってしまうことがあります。

音漏れは主に「床」と「壁」と「窓」から起こります。

建築の構造上、上階の床と下階の天井との間に隙間ができるため、その隙間から音が伝わります。これは壁も同じです。

そして窓は、スムーズに開け閉めするため、わざと隙間が設けてあるので、屋外の話し声や車や電車が走る音など、空気振動による騒音が入ってきます。

ベランダへの出窓があるような物件の場合、それだけ窓のサイズが大きくなるので壁に対して薄いところの範囲が大きくなり、それだけ外部の音が入ってきやすくなるのです。

建築資材や防音対策、周辺環境も把握する必要があります。

次にセキュリティですが、これは「オートロックではない」ということが主な理由です。

マンションであればワンルームマンションであってもオートロックになっていることが多く、外部から不用意に人が出入りできない環境になっています。

しかし、木造では外階段があるだけでオートロックが存在しないところがほとんどです。

さらに言えば、建物の周囲に設置されている外構もないことが多いです。建物が門や塀のようなもので覆われておらず、直接玄関のドアにアプローチできてしまうので、必然的に防犯性が低くなってしまうのです。

部屋ごとに玄関前に照明が設置されていて夜になると点灯はしますが、逆に言うとそのくらいの防犯性しかないことが多いのです。

中古で買う場合はレントロールと現地視察で周辺環境をチェック

ここまで説明したメリットやデメリットを踏まえた上で一棟アパート購入を検討するのであれば、区分マンションのときと同様に不動産サイトでの検索や、不動産会社とやり取りをして物件を探すことになります。

次章以降も、基本的には同様の手順だと考えておいてください。

物件を買うときにチェックすべきポイントも同様です。

レントロールを取り寄せて確認し、空室状況を見て、どういう条件で入居者が入っているかなどをチェックします。

区分との違いで言えば複数の入居者がいるため確認する事項が増えること、さらに空室の状況も仮に空室があったとしても一棟であればリスクヘッジができます。

周辺の成約資料と比較して賃料が適正であれば、空室がある物件でも検討に入ります。

むしろ、注意すべきは「広告費の増減」があるかどうかです。広告費は入居が決まったときに不動産会社に支払う謝礼金でしたね。これは不動産会社に「何カ月分の広告費をかけたか」をヒアリングすれば教えてもらえます。

仮に賃料が7万円だとして、本来は1カ月分の広告費を支払うところを、過去にどのくらい払って入居付けをしているかを確認しましょう。2カ月分で決まっているなら検討の余地はありますが、物件によっては3～6カ月分を払っているものもあったりします。

「それだけ広告費をかけている＝無理な賃料設定だった」と考えることができます。すると入居者は退去のタイミングを常に計っている可能性もありますし、そもそも入居が決まりにくい物件ということになります。

このような確認をメールでやり取りしながら行ってください。

■新築時の設計図面と現地調査で物件をチェックする

次に、オーナーチェンジ物件のような中古で一棟アパートを検討する場合は、これも区分マンションと同様に現地調査が重要です。

アパートで気をつけるべきは防音とセキュリティだと説明しましたが、実際に現地を見ることで実情を知ることができます。

例えば、オートロックがないとしても周辺が夜でも比較的明るければ防犯性は高いですし、逆に建物自体が外からは見えづらい、奥まったような場所にあると防犯面は弱いです。

こういったことは現地に足を運んでみることでリアルに感じられます。

さらに、物件情報の写真と実際の建物の違いもあります。

現地に足を運ぶことで外壁の汚れや、周辺に草木が生い茂っていないか（手入れがされているかどうか）、換気扇の汚れ、掃除を定期的に行っているか、などといったことがわかります。

加えて入居者の質も推測できます。入居者の質は「ゴミ庫」でわかります。シールを貼っていない粗大ゴミが捨てられていたり、ゴミ回収の日まで間があるにもかかわらず可燃ゴミが出されていたり、といったことがよくあります。

このようなことはオーナーが管理会社を通して入居者に通知し、きちんとルールを守ってもらうよう是正すべきことです。それが「できているか」で入居者の質を推測できます。

防音に関しては2つの方法で確認ができます。

まず、空室がある場合は許可を取って実際に部屋の中に入れてもらいましょう。モノが何も置かれていない状態で隣の部屋からの音漏れや、外部の音がどれくらい侵入してくるかを確認できます。

クリーニングが終わった状態での部屋のクォリティも確認できます。

満室で中に入れない場合は、不動産会社に依頼して「新築時の設計図面」を取り寄せてください。床や壁の材質や構造の確認、窓ガラスにどんなものが使われているか、防音材や断熱材が使われているかどうか、といったことがわかります。

新築アパートを建てるときに知っておきたい5つのこと

続いて、新築物件に話を移しましょう。

一棟アパートの場合は中古以外に「新築」も購入対象となります。

新築で一棟アパート投資を行う場合には2つの選択肢があります。

●新築で売られている物件を購入する
●土地を探して一からアパートを建てる

結論を先に言うと「売られている物件を購入する」が正解です。

もちろん、すでに土地を持っている読者がいれば必ずしもその限りではありません。それに「どうしても土地から探して自分で建てたい」と考える方もいるかもしれません。

そのために知っておいてもらいたい5つのことを解説します。

ちなみにこれは中古で物件を探す際にも知識として役立ちますので、新築を検討していない人も参考にしておいてください。

■知識1：「建てる」より「買う」ほうが手間とリスクは低い

土地から新築アパートを建てようとする人の多くは「そのほうが利回りが良い」と考えています。単純に言えば、売られているものには不動産会社の利益が乗っていますから、それがない〝一からの新築アパート〟は利回りが良くなると考えるのです。

理屈としては間違っていません。

しかし、そこには多少のリスクがあります。土地から探す場合は「どこに建てるか」の構想から始まります。ですが、土地には建設困難の「用途地域」と呼ばれるものが存在します。

用途地域とは「住居、商業、工業など市街地の大枠としての土地利用を定めるもの」で13種類あります。

中でも第一種低層住居専用地域、第二種低層住居専用地域と呼ばれるところになると土地は安いが建蔽率や容積率が小さいものになり、イメージしている物件と土地が合わないことがあるのです。

法的な問題によって部屋数が限られたアパートを建てざるを得ないため、必然的にインカムゲインが減ってしまうわけです。

建蔽率－敷地面接に対する建築面積のこと（建築面積÷敷地面積×100）

容積率－敷地面積に対する延床面積のこと（延床面積÷敷地面積×100）

一方、新築でも不動産会社が販売しているものであれば〝一から新築アパート〟に比べて利回りは下がりますが、不動産会社が責任を持って国や行政に申請を行った上で建てているので、物件そのものへのリスクが少なくなります。

中長期の運用になるため、目先の利回りではなく手間とリスクに対するリターンが見合っているかで判断すべきだと思います。

■知識2：世の中にはいろいろな形の土地がある

土地から探す場合に気をつけなければいけないのは「一つとして同じ土地はない」ということです。

建物を建てるときにベストな土地と言えばどのような形でしょうか？

恐らく、多くの読者が「四角い土地」と答えると思います。長方形や正方形などのようにある程度、形が整っている土地のことを「整形地」と呼びます。敷地全体を有効活用できますし、土地の形によって建築規制が入ることも少ないです。

ただ、必ずしも整形地だけを手に入れられるわけではありません。


世の中には「旗竿地」と呼ばれる土地もあります。

旗竿地は他にも旗竿敷地や敷地延長、路地状敷地などと呼ばれます。文字通り竿につけた旗のような形状をしているため、そう呼ばれるのです。ちょうどアルファベットの「P」をイメージしてもらうとわかりやすいでしょう。道路に対して細い道があり、その奥に土地があるわけです。前の建物に隠れているような形です。

土地としての価値が薄まるので利回りは良くなりますが、日当たりが悪くなったり、先述の通り外から見えづらい場所はセキュリティ上の心配があったりします。

他にも、旗竿地の場合は建設トラックが入れなかったり、建築中に警備員を配置しないといけないこともあるので、建設に余計なコストがかかる可能性があります（不動産会社や行政、設計事務所に確認・相談が必要になる）。

他にも変わった形で言えば三角形の土地もあったりします。これは「三角地」と呼ばれます。三角の中に四角を入れるとなると、必然的に「辺」の範囲内に置かざるを得なくなります。すると本来の土地の広さを充分に使えず小さな物件を建てることになったり、もしくは使い勝手の悪い三角形の建物を建てざるを得なくなります。

自分が住むためのデザイナブルで個性的な家を建てるのであれば良いかもしれませんが、投資対象の物件としては魅力が乏しいため、入居付けに苦労しそうです。

「旗竿地」

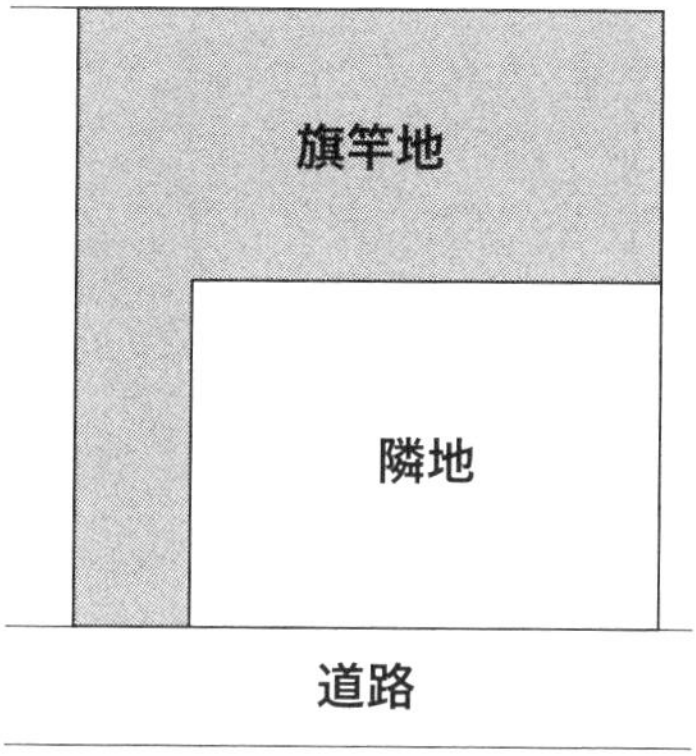

「三角地」

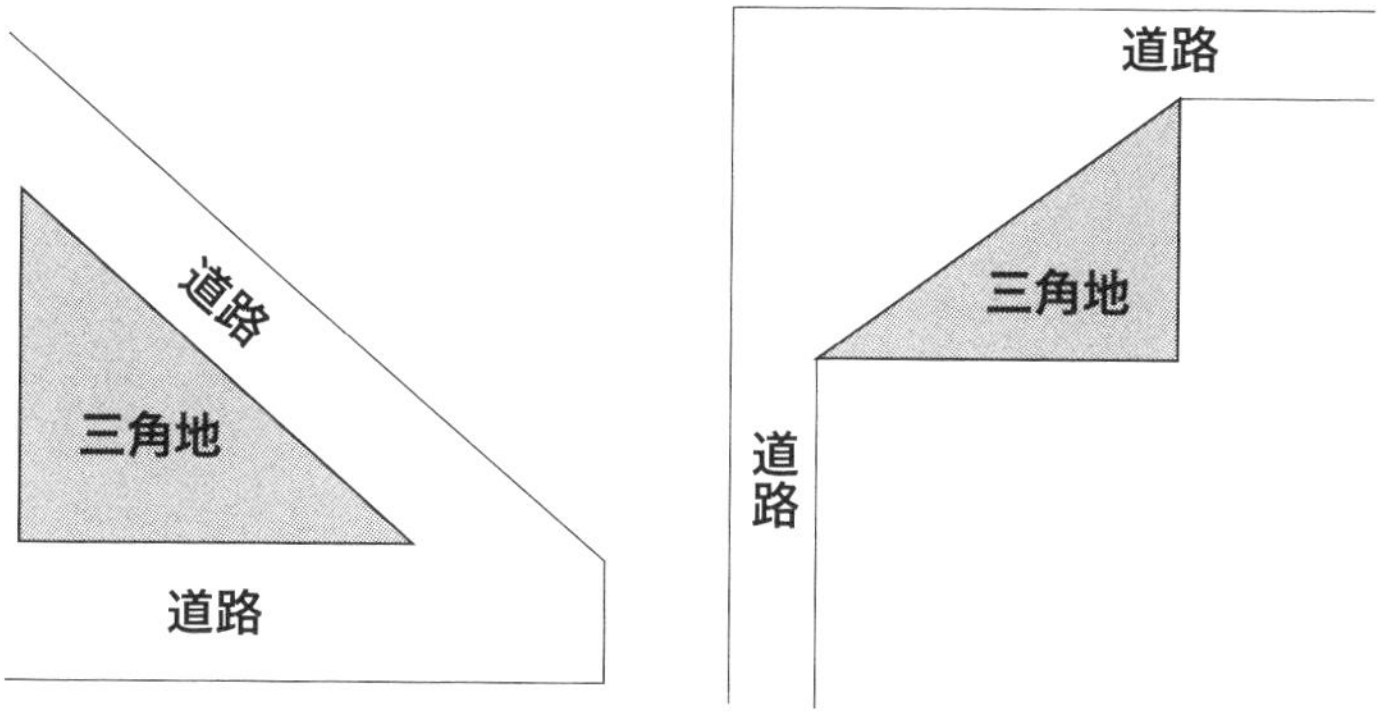

■知識3：私道の権利関係にはややこしさがある

アパートでも次章で解説するマンションでも、一から建てる場合に考えなければいけないのは土地のことだけではありません。「道路」に関しても同様です。

道路には大きく分けて「公道」と「私道」の2種類があります。

公道とは国や都道府県や市町村などの地方公共団体が指定・建設・管理する道路のことで、私道は個人または企業などの団体が所有している土地を道路として使用している区域のことを言います。

一棟アパートを建設する際、建物の前面道路が公道であればいいですが、私道の場合はその私道を所有している人に対して工事許可を取らないといけません。

所有者が1人であればまだいいですが、複数に渡っていたり、中にはそこに住んでいない＝地方に住んでいるケースもあります。その場合は手間も日数もお金もかかってしまいます。

あなたの買う土地の前面道路が公道か私道かについては不動産会社への確認が必要ですが、自分でも「道路台帳」で調べることができます。

「区名　町名　道路台帳」か「区名　町名　前面道路」などでネット検索すると閲覧のための方法が出てきます。区や市町村によってフォーマットは異なりますが、明記されている内容に則って手続きすることで、その道路の幅が何メートルで、どういう種類のものかがわかります。

目の前が私道でも建物を建てられないわけではありませんが、大事なのは「公道」であることです。

知識４：土壌汚染を事前にチェックしないといけない

土地には種類や形状以外に「土壌汚染」の問題もあります。

過去に工場が建っていたり、ガソリンスタンドが建っていたような土地の場合は、有害物質が不適切に扱われていたり、廃棄物が不適切に埋められているケースがあります。有害物質が溶け出したり排水に混ざって土に入り、土壌を汚染することがあります。

このような土地に建物を建てると、入居者の健康に有害な影響を与えたり、農作物や食物に有害物質が広がったり、生態系にも悪影響が出たりしますので調査と改善、告知が必要になります。

他にも、地盤が緩んでいる場合は仮にコンクリートで基礎を打っても地盤沈下を引き起こし、最悪の場合は建物に住めない（倒壊してしまう）可能性も否定できません。

土壌汚染に関しては土壌汚染専門業者が調査してくれます。

その上で問題が発生すると、土壌汚染対策法に基づいての対策をするのが一般的になります。また地盤が緩い場合は地盤改良工事を行う必要が出てきます。

この辺りは不動産会社と相談して話を進めることになるでしょう。

ただ私としては、この問題を把握した上で土壌汚染などの問題が出てきた土地に関してはパスすることをおすすめします。

■知識5：防火対策をする場合は追加のコストがかかる

知識1で「用途地域」について触れましたが、第一種低層住居専用地域や第二種低層住居専用地域以外にも気をつけなければいけないポイントがあります。

それは「商業地域」や「防火地域」と呼ばれるエリアです。

これらのエリアでは木造の建物は向いていません。駅前など、商店が密集しているエリアで、建物と建物が隙間なく建てられているのを見たことがあると思います。

これは建物が鉄筋コンクリート造だからできることです。仮に火が発生したとしても隣接する建物に広がりにくいからできるわけです。

しかし、木造は文字通り「木」ですからすぐに延焼してしまいます。

このような商業地域や防火地域に木造建築を建てようと思ったら、防火仕様にしないといけなくなります。それだけでも数百万円のコストがかかります。

小さな建物しか建てられないエリアでは利益が取れず、かといって立地の良い駅前は建てられない（建てるのが難しい）――それが木造アパートで土地を探すときのネックの1つになります。

これらのことを踏まえて土地を探すのであれば、事前にアパートを建てたいエリアの用途地域を把握しておくことです。これは不動産会社も頻繁に行っていることでもあります。

ネット上で「区名　用途地域　マップ」と検索すると該当ページに飛ぶことができます。リンク先のサイトのフォーマットは区によって異なりますが、そこから「都市計画（都市計画図）」までたどり着いてください。

その上で住所を入力して「都市計画情報」を選ぶと、入力した住所の用途地域を確認できます（色分けされています）。

その中で一棟アパートを建設する土地としてふさわしいのは次の3つです。

- 第一種住居地域
- 第二種住居地域
- 準工業地域

■初心者は「新築」、経験者は「中古」がベスト

5つの知識を解説しましたが、私なりの結論をまとめると「初心者は新築、経験者は中古がベスト」が答えです。

不動産会社が販売する新築物件は、ここまで説明した知識を踏まえ、建築基準法に基づいて建設されています。すでにお話ししたように利回りは低くなりますが、手間、リスクを鑑みても安心して充分な利益を得ることができるからです。

融資年数も新築のため、30～35年と長い期間がとれます。当然、修繕を含む突発的な支出のリスクも少ないです。リスクが極めて少ない状態で一棟アパート投資ができるのです。

そもそも、不動産会社から新築を買うことは悪いことではありません。

逆に、経験のある人や経験が豊富な人であれば中古アパートがおすすめです。レントロールを確認したり修繕費の予測計算など、実際の運用シミュレーションをしなければいけない手間がある分、利回りが高い物件と出会いやすくなります。

リスクヘッジを取るか利回りを取るか、選択はおまかせすることにはなりますが、私としてはあなたに成功して次のステップへと進んでもらいたいと考えています。そのことを理解して賢い選択を行ってほしいと思います。

《付録》あるあるトラブル対処法「一棟アパート編」

いざ一棟アパートを購入したとしても、その管理を自分の力で行うのには大変な労力がかかります。

本業がある中でオーナーとして利益を得るわけですから、実際の管理業務は「管理会社」と呼ばれるところに依頼して行ってもらうことになります。

ただ、管理会社に「任せておけばパーフェクトな管理をしてくれる」と思ってはいけません。むしろ、オーナーが監視すべきは管理会社で、きちんと仕事をしてもらうようにしなければいけません。

実際に一棟を運用するようになると、複数の入居者が住む建物を管理するわけですから、何かしらのトラブルが起こるものです。特に木造の場合は「騒音」の問題がよくあり、上階の人の足音に対して下階の人がクレームをつけたり、隣の部屋のテレビや音楽の音にクレームが入ったりします。

そのようなクレームは、最初は小さなものです。そして、入居者のクレームは基本的にはオーナーへ直接ではなく、管理会社に送られます。

その際に管理会社は何かしらの対策をしなければいけません。

騒音のクレームがあったらその当事者だけではなく、全入居者に「最近、深夜に大きな音で音楽を鳴らしたことでのクレームがありました。以降、深夜11時を過ぎてのテレビやパソコン、音楽プレーヤーなどでの大音量はやめてください」といった通知を出すのです。

しかし先述の通り、管理会社がパーフェクトな対応をするとは限りません。管理会社によっては放置した結果、退去が起こるようなこともあり得るのです。

そしてそうなったら困るのは誰よりもオーナー自身です。

ですから、不動産オーナーになった際には管理会社と関係性を築き、証拠が残るコミュニケーションを行うよう心がけてください。

具体的には、先述のように基本的なやり取りはすべてメールで行うようにするのです。

私の過去の経験をお話しします。所有している一棟アパートの管理会社から、新規入居者が決まった旨の連絡がありました。その際に契約書に捺印を依頼されたのです。

しかし私はここで管理会社に対して「どういった入居者が入るかを事前に知っておきたいので、今後は申し込みがあった際に連絡をください。スクリーニングをした上で返事をします」と伝えました。管理会社は入居さえつけばいいと思って事後報告をしたのですが、それを私は許さなかったのです。

騒音の問題、入居者の問題以外にも、ゴミを指定日に出さなかったり、粗大ゴミを乱雑に放置していたり、自転車を決められた位置に置かなかったり、さまざまなトラブルは発生します。

そのときに逐一細かく連絡をもらうようにして、どのように対処するか（したか）、その対処法で正しいのか（正しかったのか）の事前・事後の報告を管理会社からしてもらうようにしましょう。

そうしないと、最終的に負担がかかるのはオーナー自身です。

もしも、このようなことを指示して対応してくれない場合、管理会社を変更することも検討してください。

詳しくは後の章で解説します。

管理会社はオーナーに代わって不動産管理をする存在なので、それだけ重要なのだと考えてください。

第3章

一棟マンションでスケールアップを狙う

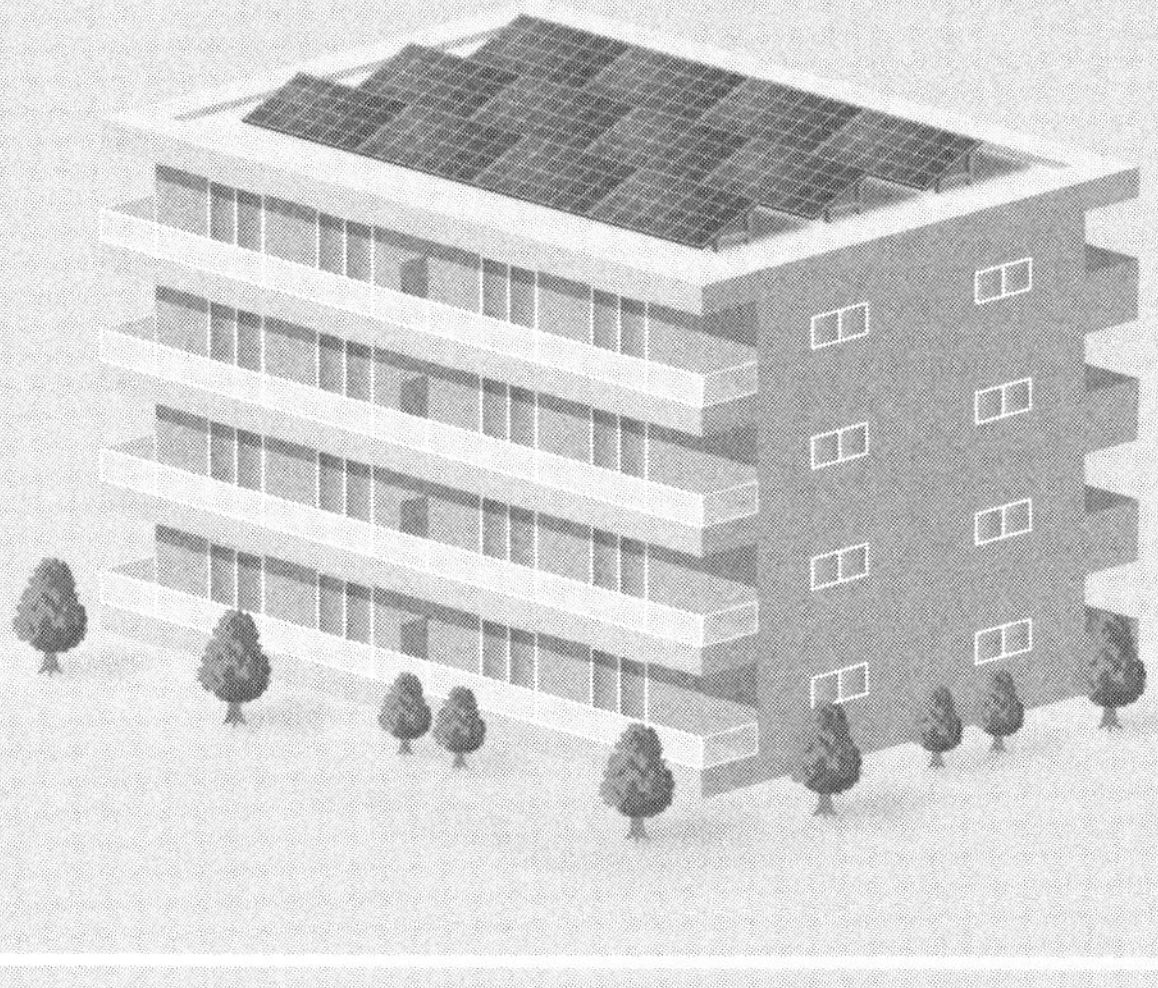

マンション×一棟の経験を活かして一棟マンションに挑戦

ここまであなたは区分マンションと一棟アパートを不動産投資として経験してきました。この2つの経験をかけ合わせることで次なるステップへと進むことができます。

【ステップ3：2億～4億円の一棟マンション（RC）】です。住宅系不動産投資は、このステップで完了となります。

これまでは購入金額が数千万円台～でしたが、本章では「億」のレベルに到達します。

物件も一室、20～40平米程度にまで広がり、単身者用の1R・1Kに加えてカップルやDINKs（Double Income No Kids＝子供を持たない共働き夫婦）に向けた1LDKや2DKが含まれてきます。

部屋数も16～24戸程度なので、それなりの大きさになってきます。

もちろん、一棟マンションも不動産のカテゴリーでは「住宅系」なので、すでにイメージしやすいものだと思います。

今回も「新築」「中古」のどちらも検討する対象となります。一棟アパートのときと同様、用意できる自己資金によって選択することになるでしょう。

自己資金ですが、一棟アパートを10年ほど保有してインカムゲインで１５００万円、売却したキャピタルゲインで１５００万円の合計３０００万円があれば万全です。

区分マンションを同時に保有していたり、その売却によって自己資金が用意できるなら10年でなくてもかまいません。また、本業での貯金を足してまかなえるのであれば、それも同様です。

一棟マンションはこれまでの経験をかけ合わせる考え方です。

そもそもマンションのほうがアパートよりも有利です。セキュリティ問題や騒音問題が解決され、立地面でも駅に近くなっているためアパートよりも入居付けの面で有利になります。

区分マンションと一棟アパート、両方で経験したことを活かしてより大きな投資へと足を踏み出しましょう。

自己資金2000万円から「一棟マンション」にチャレンジできる

前項で自己資金3000万円と説明しましたが、より厳密に言うのであれば自己資金は2000万〜4000万円でスタートすることができます。

これは新築か中古、物件の立地や規模、あなたが勤めている企業の規模、勤続年数や年収、金融資産によって変化しますが、それでも自己資金1〜2割で融資を受けられます。

金融機関としても区分より全体の土地の所有権がある一棟のほうが評価は高いことをお話ししましたが、それはマンションでも同様です。

具体的な利回りで言えば、新築で5〜6%、中古で6〜8%です。本章ではトータルして5〜8%として解説していきます。

区分マンションは利回り3〜5%、一棟アパートは6〜7%としていたところを、一棟マンションであれば5〜8%とできるのは、そもそもRC造のマンションだと物件金額に対して賃料を高めに設定できるからです。

駅からの距離は5～10分圏内とすることで、入居者に選ばれやすい物件といえます。

加えて、部屋数も16～24戸程度なので、アパートよりも空室によるリスクヘッジが取りやすくなります。物件の購入価格は上がりますが、その分、土地の価値と収益が大きくなるのです。

■「区分マンションの拡大版」と考えて心のハードルを下げる

ただ不思議なもので、一棟マンション投資となると心理的ハードルが上がる方もいます。「マンション一棟」となると個人よりも企業が所有するようなイメージがあるからかもしれません。

ですが、難しく考える必要はないのです。

そもそも、ステップ1であなたは区分マンションを所有しました。そのマンションが仮に15戸あるとして1戸ずつ買い増したらあなたは一棟を所有したことになります。

区分の場合は土地を戸数で割るので、最初は何分の1の土地しか持っていませんが、最終的にすべての部屋と土地を所有するのと同じことになります。

ですから一棟マンションに進む場合であっても「区分マンションの拡大版」という気持ちで取り組んでみてください。

また、企業のイメージが強いという意味では大手不動産デベロッパーが高級志向のマンションを販売し、そのCMが電車内の広告で流れていたりもします。広告サイトへの誘導でブランド名がついているマンションのCMを目にしたこともあるかもしれません。

つまり、マンションでのライバルが企業のように感じられるわけです。

しかし、試しに広告をクリックしてみると、そこで売られている物件はサイズが50平米以上で2LDKや3LDKといったファミリータイプの大きなものばかりです。さらにそれらは「分譲」されているものであって、一棟販売の世界ではありません。

あなたが購入するのはあくまでも単身者~カップル向けのサイズ感で、賃貸してもらうことを目的とした一棟マンションです。不動産デベロッパーが販売している分譲マンションとはそもそもターゲットが違います。

安心して「勝ち」を取りに行ってほしいと思います。

「土地から新築 vs オーナーチェンジ（中古）」どちらがいいか？

さて、そんな一棟マンション投資ですが、実際に始めるにあたって新築を選ぶべきか中古を選ぶべきか、頭を悩ませると思います。

それぞれにメリットとデメリットがあり、このあとに解説していきますが、最初に理解しておいてほしいのは「新築マンションを一から建てることはまず無理に近い」ということです。

新築で一棟マンション投資を行う際には、基本的に不動産会社が販売している物件を選び、購入することになります。そもそも一から土地を探して新築でマンションを建てることはデベロッパーがすることなのです。

土地を探そうにも不動産デベロッパーが毎日のように建設予定の土地を探し、地上げをしている世界なので情報自体が入ってきません。マンションになるとアパートよりも広大な土地が必要になるので、そのような情報は不動産会社によって先に確保されてしまうのです。

また、第２章で説明した新築を建てる際に知っておいてもらいたい知識についても、一棟アパートに比べてマンションはかなり複雑になります。

もしもあなたがすでに土地を持っていて、そこにマンションを建てようとするのであれば話は変わってきますが、そういう人は少ないでしょう。

一から土地を探すのであれば、私としては「それなら不動産会社をやったほうがいい」とさえ言えるレベルです。ですから、新築の場合でも不動産会社から購入するものだと考えてください。

■新築マンションのメリット・デメリット

さてその上で、まず新築マンションのメリットから解説します。

一番のメリットは、ローンを35年の長期で引きやすいことです。後述しますが、ＲＣ造の法定耐用年数は47年です。ですから、一般的な融資年数として35年が通りやすいです。

融資年数が長いことにより、単年度のキャッシュフローが貯まりやすいため、仮に突発的な退去、修繕などがあっても資金面で余裕ができます。

次に、最新の設備が整っています。そもそも「新築」なわけですから入居者から求められている設備があるのも当たり前と言えるでしょう。

賃料設定が間違っていなければ中長期の収支計画が立てやすいです。

さらに、不動産会社から購入すれば「契約不適合責任（旧・瑕疵《かし》担保責任）」で10年間、雨漏りや柱のゆがみなどの瑕疵《かし》があっても補償が利きます。

続いて、新築マンションのデメリットです。

そもそも不動産会社から購入するため〝中古に比べると〟利回りは低くなってしまいます。5～6％というところです。ただ、リスクが少ないことを考慮すれば決して大きなデメリットとは言えないと思います。

次に、賃料の問題です。新築には新築プレミアムがつきます。そのため、周辺の中古物件に比べて賃料が5000～1万円ほどは高くなります。つまり、入居付けに苦戦する可能性があるということです。

ただしこれに関しては、日本人は「新品」が好きなので新築で割高だからといって入居がまったくつかないことはないので安心してください。

それよりも賃料で考えるべきは、退去が起こって次の入居者の時点で新築プレミアムがなくなり賃料が下がる＝周辺相場相当になることです。

ずっと初回の入居者が居住していてくれたらいいのですが、退去が起こるとその部屋の賃料が下がり、その分の利回りは下がります。

■ 中古マンションのメリット・デメリット

次に、一棟中古マンションのメリット・デメリットを解説します。

まず言えるのは新築に比べて割安に取得することができます。これは新築と中古を比較したときに当然、考えられるメリットと言えるでしょう。物件の購入金額が抑えられるということは必然的に利回りが良くなります。

次に、中古であるがゆえにレントロールが存在します。レントロールについては何度もお話ししているので割愛しますが、その物件の〝過去〟を知ることができるので、そこから未来を予測する手助けになるわけです。

そして、大規模修繕の計画も基本立てられており、過去に修繕したのであればその履歴もわかります。

詳しくは後述しますが、その物件をどれくらい運用して売却するか、利益を獲得するための計画が立てやすいと言えるでしょう。

続いて、一棟中古マンションのデメリットです。

これも当たり前ですが、中古である以上はセカンドオーナー以降の立場になります。融資を受ける場合、法的耐用年数から経過年数を引いた年数が融資期間となります。

融資期間が短いと毎月の返済額が上がりますので毎年の手残りが少なくなります。

さらに、経年劣化による建物の修繕が必要になるので、獲得した利益が減ってしまう可能性も考えておかないといけません。経年劣化とともに管理費が上がってしまうことも充分に考えられます。

そして何より、周辺に建った新築物件が入居者争奪戦のライバルになります。

■やっぱり「初心者は新築」「経験者は中古」

さて、その上で「新築、中古どちらがいいか？」という問いに対してですが、答えは一棟アパートのときと同様です。

経験の浅い初心者であれば新築にして、経験のある人であれば中古です。

例えば、新築・中古ともに3億円の物件を購入したとして、新築であれば利回りが5％で1500万円の家賃収入（売上）、中古であれば利回り7％で2100万円の家賃収入（売上）です。

これだけ見ると600万円の差がある中古のほうがよく見えます。

しかし先述の通り、中古はこの600万円が丸々利益にならない可能性もあります。何かしら持ち出しが必要になり、結局新築と変わらないか、それよりマイナスになることもあるのです。

ですから、その辺りの計算ができるのであれば中古でもいいですが、そうでない場合はまず新築で安定的に利益を獲得していきましょう。

逆に計算ができるのであれば、中古でも築15年くらいの物件なら戦っていけるので、思い切って利回り重視の選択をするのもいいでしょう。

中古を買うときに注意すべき4つのポイント

新築と中古は、それぞれのオーナーの経験値によって買い分けることを説明しました。とは言っても、資金の面から最初は割安な中古から始めたいという方もいるでしょう。

では、中古を買う場合はどういうところに注意すればいいのでしょうか？

4つのポイントで解説します。

■積算評価7割以上の物件を購入する

最初のポイントは「積算評価」です。評価額が7割以上のものを買いましょう。
積算評価という言葉はあまり耳馴染みがないかもしれません。
積算評価とは物件価値の評価方法の1つです。土地の積算価格と建物の積算価格をそれぞれ計算し、足し合わせて算出します。金融機関が融資をする際に「その物件にどれくらいの担保価値があるか」を測る参考値となるものです。具体的な計算式は次の通りです。
《積算評価＝積算価格（土地）＋積算価格（建物）》
《積算価格（土地）＝路線価×敷地面積（平米）》
《積算価格（建物）＝再調達価格（20万円・RC）×延べ床面積（平米）×（残耐用年数÷法定耐用年数）》

土地の積算価格は物件に面している路線（路線価）と敷地面積を掛けて計算します。

建物の積算価格を計算する場合は次のとおりです。

仮に20平米の部屋が10室あるとすると、延べ床面積は２００平米になります。そこに再調達価格（ＲＣの場合）の20万円をかけ合わせると４０００万円の価格になります。さらに残耐用年数を法定耐用年数で割ったものを掛けると計算できます。土地と建物の積算価格の合計が売買価格の７割くらいあると銀行の融資が出やすいということになるのです。

積算評価については不動産会社に確認し、７割以上かどうかを確かめてから検討してください。

繰り返し説明していますが、ＲＣ造の法定耐用年数は47年です。ですから新築の場合は35年のローンを組むことができます。

不動産投資の場合、ローンは25～35年が一般的です。新築であれば35年で組んでもまだ残耐用年数が12年も余ることになりますし、中古の場合でも仮に築15年くらいのものであれば32年で組むことができます。

ここでローンの考え方ですが、どのステップにおいても融資期間は長いほうがおすすめです。

長いものは短くできますが、短いものを長くすることはできないからです。さらには30～35年の長期でローンを組むことで月の返済額も減りますので、キャッシュフローが回りやすく、手残りが貯まって次への計画も立てやすいのです。

もちろん、資金が潤沢な人の中には余分な利息を払いたくないことを理由に20年以下で組む人もいます。しかし、誰にでもそれができるならいいのですが、そうでないなら余裕を持った組み方をすることをおすすめします。

さて、以上のことを踏まえた上で重要なポイントは2つです。

1つはできるだけ築年数が浅い物件を探すことです。後述しますが、大規模修繕のことも踏まえて築年数は12～15年くらいのものがおすすめです。

そして2つ目のポイントとして大事なのが、冒頭で説明した「積算評価」が高い物件を探すことです。

■築年数は12年〜15年を対象にする

前項で築12〜15年の「浅め」のほうが良いと説明しましたが、築浅であればあるほどいいというわけではありません。あまりにも築浅の場合は、何らかの問題を抱えていることが懸念されるからです。

例えば、世の中には築2〜3年程度で売却されている一棟マンションがあります。一見すると35年でローンを組める良い物件のようですが、逆に売りたい側の心情に立ってみましょう。

せっかく購入した新築一棟マンションを数年で早々に売却しようとしている。少なくとも利益が出るのであれば10年くらいは持っておいてもいいはずです。10年後に売却してもキャピタルゲインが充分期待できます。

それにもかかわらず売却しようとしているわけですから〝想定外の何か〟があったことは想像に難くありません。

具体的に何とは言えません。しかし、例えばマナーの悪い入居者がいる、新築プレミアムから賃料が当初の計画以上に落ちてしまっている、予定されていた駅前の再開発が遅れて（あるいは頓挫して）不動産価値が上がりにくい、などのことが想像できるのです。

これは企業に置き換えてみると、経営者目線では興味深いかもしれません。

創業から数年で大きな利益を出しているスタートアップ企業と、特別大きくはないが安定した利益を10年以上も出し続けている中小企業があるとして、どちらの会社をM&Aをしたいでしょうか？

恐らく後者のはずです。もしかすると前者は最初から早期で会社売却を前提に運営されている企業かもしれません。

これと同じ考え方が先ほどのマンションでもできるのです。

もちろん、築浅すぎるからといって必ずダメなわけではありません。しかし、すぐに手を出すのではなくスクリーニングは必要なのです。

■大規模修繕を念頭に置いた収支計画を立てる

さて、これらのことを踏まえた上で、前項までは築12〜15年と説明しましたが、大規模修繕が完了しているということが非常に重要です。

マンションには「大規模修繕」という大掛かりなイベントがついて回ります。
具体的には屋上防水、エントランス、エレベーターの改修、駐車場、タイル補修、外壁工事などがメインになります。平均的な費用感は「1部屋125万円」です。仮に24室であれば3000万円になり、これが参考値です。

そしてここからが大切なのですが、マンションの大規模修繕は「12年前後」が一般的な周期です。マンションオーナーはこれを想定した上で修繕積立金や修繕計画を検討しているのです。築15年であれば1回目、築25年であれば2回目の大規模修繕が終わっている可能性が高いです。

中古で一棟マンションを購入する場合、事前に「修繕履歴」を見て大規模修繕が行われているかどうか、行われているならどれくらい行われているかを知っておかなければいけません。それによって「何年後にいくら必要になるか」の収支シミュレーションができるからです。もちろんこれはあなた1人で考えるのではなく、管理会社と話し合いをして決めていけますので安心してください。

物件を不動産会社と一緒に探しながら、その物件の修繕履歴や、先述の積算評価の価格を聞いたり、提携している金融機関、融資条件等の質問をしてください。

■物件取得の条件に妥協しない

さて、注意点ばかりで一棟マンション投資に少し消極的な気持ちになってきているかもしれません。ただ最後の重要なポイントとして、物件取得の条件に妥協をしないことです。

利回り6～8％、積算評価7割以上、築15～25年以内、大規模修繕が済んでいる……　このような条件をクリアできている物件はたしかに多くありません。

しかし、それでもきちんとクリアして利益を出せる物件が売りに出ているのが現状です。というのも、売る側にもそれなりの事情があるからです。

『利益の出る物件なら持ち続ければいいじゃないか』

そんな風に考えるかもしれません。

しかし、現在のオーナーにとっては「以前ほど利益が出ない」というのは売る理由の1つになります。例えば、経年劣化で修繕箇所が増えたり、そもそも定期清掃などの人件費が上がることで管理費や管理手数料が上がったりすると、今までよりも利益が圧迫されたりします。

他にも、急な相続でお金が必要になって現金化したい事情があったり、人口減で入居がつかなくなってきて売却益が出るうちに手放したかったりと、不安によって手放したい考え方の現オーナーも存在します。

ただ、そのような物件であっても利回り6%くらいが出ていたり、積算評価が7割以上だったり、30年の融資を組める物件は存在します。管理会社の変更によって、支出費用の改善や入居付けの戦略が立てられた上で、大規模修繕が済んでいる、もしくは、点検報告で直近で修繕が必要な箇所が無いのであれば、私としてはそのようなマンションは買うべきだと思います。

あくまでもこちらは中古を買うわけですから「新築時と比較したその物件」として見るのではなく「この先に利益が出るか」で考えましょう。

この考え方に立てば、まだまだ利益の出る物件は存在していますし、今月も来月も新たに市場へ出ることは充分に考えられるのです。

中古を買うときの4つのポイント

ポイント1．積算評価7割以上の物件を購入する
ポイント2．築年数は12年～15年を対象にする
ポイント3．大規模修繕を念頭に置いた収支計画を立てる
ポイント4．物件取得の条件に妥協しない

「質の高い管理会社」で住民トラブルは避けられる

第2章の最後でも管理会社について言及しましたが、一棟マンションであっても同じです。戸数が増えるなら、むしろそれ以上に重要と言えるかもしれません。

アパートからマンションになると必然的に部屋の数は増えます。つまり、入居者の数も増えるわけです。するとトラブルが起こる確率も上がります。

内容としては特に大きな変更はありません。主に騒音とゴミの問題になります。

ＲＣ造の場合は木造や鉄骨に比べて防音性は高いですが、それでも音がまったく漏れないわけではありません。

普段の生活音でのクレームはそれほどなくても、例えば楽器を演奏したり、窓を開けて音楽を流したり、特に夜22時～朝5時までの深夜の時間帯に何かしら別の音の問題が発生します。

他にも、階数が増えることで上階から下階に洗濯物などが落ちる、ということもあり得ます。

一軒家であればご近所付き合いがありますが、マンションの場合は入れ替わりもあってなかなかご近所付き合いが発展しづらいです。

仲良くしていればトラブルまで発展しませんが、そうでない場合はちょっとしたことでも継続するとトラブルに発展します。

ゴミの問題でも同じです。

人が増えるとルールを守らない人の確率も増えます。出すべき日に、出すべき場所へ、しかるべき方法でゴミを出していないと、季節によっては異臭を放ったり、ずっと回収されないゴミが散乱する状態にもなります。

「割れ窓理論」という言葉があります。アメリカの犯罪学者ジョージ・ケリング博士が提唱した理論で、1枚の割られた窓ガラスをそのままにしていると割られる窓ガラスが増え、いずれ街全体が荒廃してしまうという理論です。

これと同じことがマンションでも起きるのです。

ゴミが1つ放置されていることで「これでいいんだ」と考えるようになり、他の入居者も真似して、どんどん環境が悪化していくのです。これは音の問題でも同じことが言えます。そして、このようなことが続くと「汚いマンション」「あそこのマンションはいつもうるさい」という悪評が立ち、物件の価値が下がり、退去が起こりやすくなってしまいます。

これを避けるためには、やはり管理会社の質が高いかどうかにかかります。質の高さを示すのは「対応が早いこと」と「親切なこと」です。そのような管理会社を見つけられると物件価値も上がりますし、賃料も維持できます。

対応が早いとは「上階がうるさい」というクレームがあったらすぐに注意喚起の連絡やチラシを投函して対応したり、共有エリアにゴミが散らかっていたら清掃会社に委託してすぐに片づけたり、ということです。

親切とは丁寧でもあることで、例えばマンション内でポイ捨てがあった際にポストのところに写真つきで「こういうポイ捨てがありました」という張り紙を素早く実行できるようなことです。セキュリティ面で共有エリアの電球が切れているとすぐに交換をしてくれたり、ということもあるでしょう。

もしも、あなたが一棟マンションを購入した場合、新築でも中古でも管理会社がセットになっていることがほとんどです。

ですからもしかすると最初は管理会社を選べないかもしれません。

しかし、対応に違和感が続くようであれば変えてもいいのです。私自身、自分の所有する物件の管理会社を変えた経験があります。

ただし注意してもらいたいのは、契約を交わす段階で「○カ月前に言わないと変えられません」という告知が必要なケースが多いことです。一般的には1～3カ月前通知が多いので、契約内容もしっかり目を通しておくようにしましょう。

その上で質のいい管理会社を探す際には、管理会社をインターネットで調べます。「ウチは質が悪いですよ」と書いているところはどこにもありませんので、きちんと管理実績を見るようにしましょう。

もしくは、地域密着型の管理会社であれば、その地場のことがわかっているので質の高い管理をしてもらえる可能性が高いです。

どちらにせよ、現状の「悪い」状態よりいくらかは良くなります。

《付録》あるあるトラブル対処法「一棟マンション編」

本章で説明してきたマンションでも、前章のアパートでも、不動産管理につきものの契約に「サブリース契約」があります。

サブリース契約には賛否両論あります。

ただ、サブリースの問題に関して話をするときに、誰しもの頭をよぎることに2018年に起きた「かぼちゃの馬車事件」があるでしょう。

かぼちゃの馬車事件では、女性専用シェアハウス「かぼちゃの馬車」に30年間のサブリース契約が付帯していました。しかし2018年当時、かぼちゃの馬車を販売していた株式会社スマートデイズのサブリース事業が破綻し、オーナーへのサブリース賃料（定額の家賃支払い）が未払いになってしまったのです。

ここではあくまでもサブリースの話をしたいので以降は割愛します。

ただ言えるのは、「サブリース契約はする必要がない」ということです。

そもそもサブリースとは、仮に賃料が10万円の部屋があるとして、その８～９割を〝入居の有無にかかわらず〟サブリース会社がオーナーへ保証する契約です。

オーナーからすれば満額ではないが確実に賃料を取れるのでセーフティネット的なイメージがあるかもしれません。空室リスクや家賃滞納のリスクも避けられます。

さらに計画も立てやすいです。賃料10万円の部屋が20戸あるとして年間２４０万円、その８～９割の年間約２００万円を確実に手にすることができるからです。

ただ、ここに落とし穴があります。

サブリース契約を行っている会社は当然勝算がある物件のみをサブリースします。

仮に入居がゼロの状態であれば、先述の例で言えば年間２４０万円の８～９割を負担し、オーナーに支払わなければいけません。

営利目的の企業である以上、そんなことはできません。つまり、入居が決まる物件であることが大前提にあるからこそ、その実入りからオーナーへの支払いを行い、差益を得ることができるわけです。

逆に言えば、入居がつかない物件は契約をしたくないことになります。

そうであれば、もともと入居が決まる物件なのですから、サブリース契約など必要ないという話になってきます。

それにもかかわらず〝安心感〟を補償するためにサブリース契約を勧められ、オーナーは通常かかる管理費用にプラスしてサブリース手数料が引かれる形となります。さらに、入居者から支払われる礼金や更新料はオーナーの収入にはならず、サブリース会社の利益となります。

他にもサブリース契約にはデメリットがあります。

借主である入居者に対して貸主はオーナーではなくサブリース会社になるので、入居者を選べないのです。

あなたがA不動産会社から物件を買ったとして、そことサブリース契約（賃貸借契約）を交わすと、契約上は「オーナーがA不動産会社に〇万円で貸している」ということになります。

A不動産会社はその物件をいくらで転貸（又貸し）するかは自由ですし、オーナーには詳細が見えません。

先述の例を取って、賃料10万円のものをオーナーに8万円支払っているとします。A不動産会社が10万円で入居をつければ利益は2万円です。

では、12万円で入居をつけたらどうなるでしょう？　当然差益は大きくなります。10万円の賃料のところに12万円でも入る人はどのような人でしょうか？　例えば評判の悪いクレーマー住人だったり、入居にハードルのある外国人になるかもしれません。

いずれにせよ、結果として万が一、物件価値が下がったり他の住人が退去したとしても、サブリース会社はタダでは補償してくれません。

さらに言えば、２０１８年に起きた「レオパレス問題」の懸念もあります。

サブリース会社がオーナーと契約を結ぶ際に「家賃収入が最長で30年間まったく変わらない」と伝えていたにもかかわらず、入居率が下がった際にレオパレス21側で家賃保証額を減額できる契約を結び、借地借家法第32条を盾にしてオーナーに減額を迫っていたのです。

オーナー側の多くも、30年間賃料が下がらない契約そのものが借地借家法の観点から無効であることを知らなかったそうです。

レオパレス問題から見えてくるのは、契約時には保証されていた賃料が経過年数とともに減額されうることがある、ということです。

物件価値が下がり、退去が相次ぎ、さらに賃料保証まで減額されたら、オーナーにとってはトリプルパンチではないでしょうか？

以上のことを踏まえて結論を改めて言えば、サブリース契約は「つけない」が正解です。ここまでのステップを活かしてサブリース契約をつけなくても済む物件を手に入れてください。

新築を買う場合は「サブリース契約はいりません」と言えばいいだけです。中古で買う場合でサブリースがついていたとしても購入時に外してください。

サブリースをつけなくても周辺賃料を見て家賃設定さえ間違えなければ入居はつきます。賃料設定も周辺とまったく同じにする必要はありません。周囲にライバルがいたら少し下げて、ライバルがおらず物件に自信があれば少しくらい上げてもいいのです。

賃料は「自分の物件よりも駅から遠い物件より高く、近い物件より低く」がセオリーです。これを守って、安定的に利益を獲得してください。

第4章

ビル投資も区分オフィスから始めよう

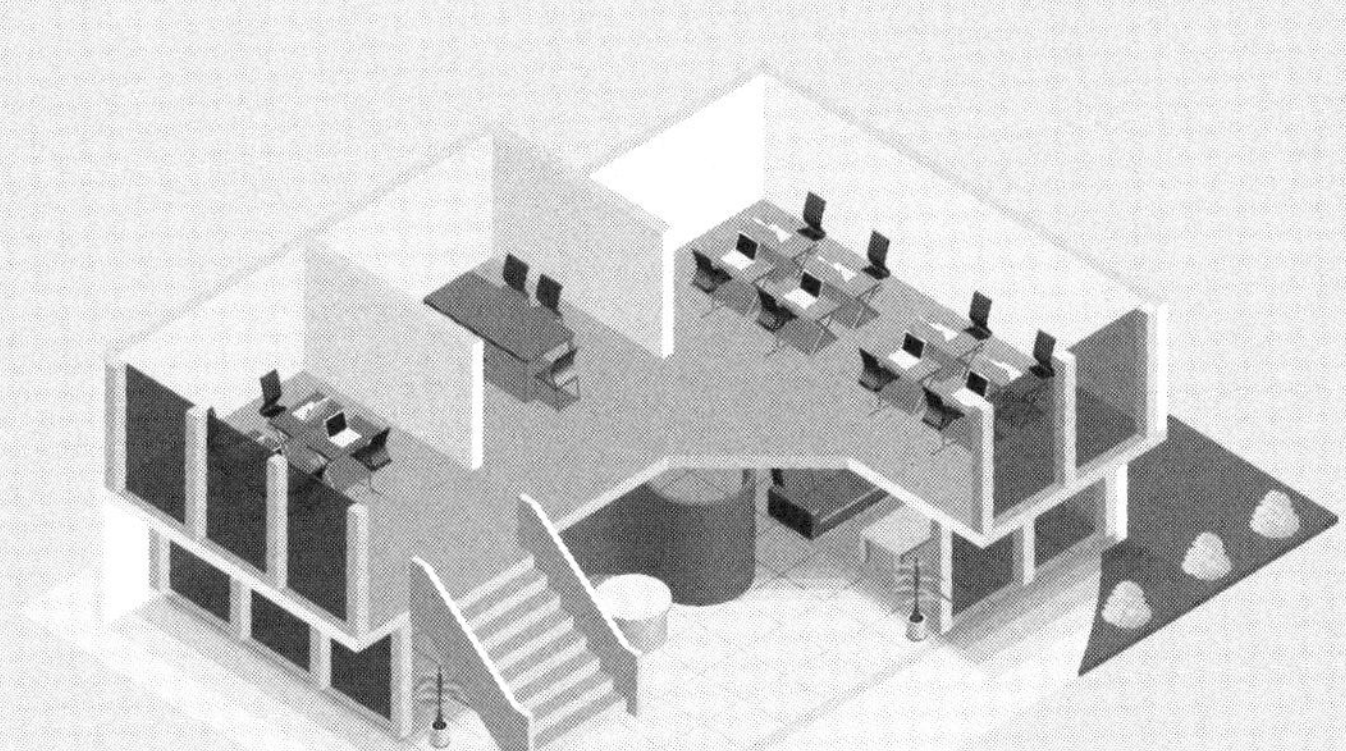

「一般的な物件」から「ニーズの高い物件」にシフトチェンジ

序章で私は、不動産投資を始めるなら「取り組みやすい手堅いもの」から始めて「世の中に必要とされているもの」にシフトしていくべき、と説明しました。

前章までは住宅系にフォーカスを当て、一般的な取り組みやすいものを扱ってきましたが、そこで得た資金を元手に、より世の中のニーズが高いものへとシフトチェンジしていきます。

それが本章と次章で解説する「ビル投資」です。

まずは本章で【ステップ4：1～4億円の区分オフィス（RC、SRC）】からお話ししていきましょう。

住宅系からオフィスビルに視点が変わると、恐らくまた心理的ハードルが上がると思います。

入居者となるテナントも「個人」から「法人」に変わりますし、不明点が増すように感じられるかもしれません。

しかし、ここでの思い込みは禁物です。

オフィスビル――しかも区分オフィスということは、あなたが普段勤めている会社のフロアだとイメージできます。オフィスにはさまざまな広さがあると思います。働いている建物のフロアの一部を買うと考えればハードルは下がるのではないでしょうか？

加えて、オフィスビル投資になると自己資金が数千万～億の単位になるので、より積極的な対象として経営者も深く入ってきます。経営者であれば、自分が契約しているようなオフィスを買うイメージを持てるでしょうし、内部留保を使って買う選択肢も浮かびやすいと思います。

オフィスビル系保有のほうが住宅系保有よりメリットは大きい

他にも、住宅系からオフィスビルへシフトチェンジするメリットはあります。

まず、個人から法人に変わることによって入居者の属性が上がります。

住宅系の場合、入居者となる個人の属性はさまざまです。

正社員で働いている人もいれば契約社員や派遣社員、パート・アルバイト、中には生活保護を受けている人もいるでしょう。綺麗好きな人もいれば汚れが気にならない人もいます。神経質な人もいれば鈍感な人もいます。

つまり、個々によって属性がバラバラなため、入居者の良し悪しの範囲が極端に広いのです。

しかし、法人であれば会社組織なので基本的に良質な方々です。

例えば家賃の滞納が極めて少なかったり、間借りしているオフィスを綺麗に使う（傷つけないように使う）ことを心がけてくれたり、対応が丁寧だったりするのです。

それに、個人であれば可能性のある夜逃げやクレームも、法人であればそのリスクは少ないと言えます。

そして、法人のほうが個人よりも平均入居期間が長いです。

単身者の場合は「平均入居期間3年前後」と説明しましたが、法人はオフィスを借りたらそこに会社登記を行い、名刺やホームページの作成、取引先との兼ね合いもあるため5～10年は入居してくれるのが私の経験則からのイメージです。

業績の急激な拡大によってオフィスを移すことは考えられますが、事務手続きや引っ越し代などの面から移転よりも支店を出すことや同じビル内での増床を選択することも考えられます。

仮に、退去が起こる場合でもオフィスは住宅系より有利です。

アパートやマンションの場合は入居者が1カ月前に退去予告をし、実際に引っ越しが終わってからクロス（壁紙）の張替えやクリーニングを行います。業者に依頼して2～3週間ほどかかり、そこから貸し出しになるので退去から次の入居までに1カ月ほどロスタイムが生まれます。

しかし、オフィスの場合は3～6カ月前予告が基本です。引っ越しに伴う原状回復もテナントである企業が退去期間内に行います。費用に関してもテナントが入居時の保証金から捻出することが基本のため、オーナー側の持ち出しがありません。

当然、退去した翌日からの新しいテナントの入居も可能です。

さらに設備の面でも、オフィスビルには有利な点があります。

住宅系はキッチンやトイレ、お風呂などの水廻りの設備が10年もすると古くなったり、黄ばんだり、カビが生えたりして見栄えが悪くなってしまいます。必要であれば取り換えをしなければいけないこともあります。

しかし、オフィスビルであれば基本的にはトイレとシンクがあれば水回りは事足ります。流行り廃りもありません。強いていうなら、トイレが男女別になっているか、ウォシュレットがついているか、といったことくらいでしょう。

このように入居者属性、入居期間、各種費用などさまざまな面でオフィスビルは住宅系よりもメリットが大きいのです（他にもメリットはありますが、次章で詳細を解説します）。

自己資金3000万～5000万円で区分オフィスから始める

そんなメリットがたくさんあるオフィスビル投資ですが、最初は「区分オフィス」から始めることをおすすめします。

一棟マンションを10年ほど保有し、インカムゲインとキャピタルゲインの合計で3000万～5000万円を得ても、そのくらいの自己資金だと「一棟ビル」はなかなか手が出ません。仮に融資を受けて1億円の資金で一棟ビルを買うとなると、リスクの高い物件になってしまうのでおすすめしません。

■認知度が低いから区分オフィスは利回りがいい

オフィスの場合、一棟ものより区分オフィスの利回りがなぜ良いのか？

答えは、その認知度の低さ、一般的でないことにあります。

マンションの場合、やはり住居用のイメージから「区分」という考え方は当たり前の感覚としてあります。逆に一棟となると企業がやるような難しいもののように感じてしまいます（そうではないことはすでに説明しました）。

しかし、オフィスビルになると今度は「一棟」が当たり前のイメージになるのです。「自社ビル」という言葉があるように、１オーナーが所有するものだという思い込みです。企業の場合、１社が複数フロアに入っていることもあるので、誤解を加速させていると思います。

しかし、実際は区分でもオフィスは購入できます。

ただ、経営者であってもこのことを知らない人は少なくありません。金融機関も同じで「一棟ビルだと土地がついているけど区分の場合はどうなるの?」と聞かれることすらあります。もちろん「全フロア分の1」で土地を持つことになるのですが、そのくらい周知されていません。

ですから、販売している不動産会社も多くなく、認知度が低いがゆえに「売れない」と思われていて、物件情報も少ないわけです。

■東京都内には区分オフィスが多く売られている

これを逆手にとれば「掘り出し物がある」ということでもあります。

実際に都内だと区分オフィスが販売されていることが多いです。例えば、土地つきで一棟ビルを持っている3兄弟がいて(3分の1ずつ権利を所有)、それを個々に売却するようなケースがあったりするのです。

そのような物件は「売れない」と思われているがゆえに販売価格が低く設定されていることがよくあります。価格が低いということは利回りが良くなる、ということです。認知度の低さが利回りを高くしている理由です。

そのため、探す場合は不動産サイトで探すのでもいいですが、できれば優良な不動産会社を見つけてその会社に相談をしてください。

「区分オフィスを取り扱っている不動産会社」はそれほど多くはありませんが、不動産サイトで出てきた物件を管理している会社をくまなくチェックして連絡を取ってみてください。

購入すべきは「中小企業」にぴったりな広さのオフィス

では実際にどんな区分オフィスを購入するのかというと、明確な基準があり、いわゆる「中小企業」に最も都合のいいサイズの中古オフィスです。

ビルになると金融機関の融資に自己資金が２～４割が基準となりますが、勤め先や企業によっては自己資金１割やフルローンのケースもあります。

自己資金３０００万～５０００万円で考えると物件価格１～４億円となり、その価格帯で良いものを探すとなるとやはり中古です。

築年数は30年ほどのもの。銀行融資を20年は組みたいので、その辺りの築年数が理想です。

また、耐震の問題もあります。１９８1年（昭和56年）６月に新耐震基準が設けられましたので、それ以降の物件を絶対に選ばなければいけません。特にオフィスビルの需給バランスで言えば、１９９０年前後のバブル期に最も多くオフィスビルが建てられました。すると築30年前後ということになります。

そのボリュームゾーンを押さえつつ購入できるビルを探します。

広さは「20坪以上～１００坪未満の中小規模ビル」で考えます。

住宅系とは違いオフィスビルの情報は坪で記載されていることが多いです。平米を坪に変えるには「平米数×０・３０２５」で計算できます。

20坪以上～１００坪未満というとかなり幅が広いと思いますので、私がおすすめなのは20～60坪―特に50坪前後がベストです。１～4億円で買え、売却益も出やすく、ライバルも少ないからです。

■50坪前後のオフィスが中小企業に最も向いている

平成26年の『経済センサス・基礎調査　東京都調査結果』によると、東京都の従業員規模別事業所数で東京都内の約25万社のうち90％以上が従業員30人未満の事業者でした。

日本では、従業員１人あたりのオフィスの使用面積が２～３坪と言われています（外資系はもう少し広いです）。20～60坪のオフィスの場合、仮に２坪で割ると従業員10～30人程度ということになります。

まさに、日本の９割以上を占める「従業員30人未満の事業者」にぴったりなサイズ感だということがわかります。

また、同・調査結果を見ると、92・２％のうち「従業員10人未満（１～９人）の事業所が75・２％を占めていることがわかります。そうなるとむしろニーズがあるのは「20坪未満」と考えてしまうかもしれません。

しかし、ここには〝懸念点〟があります。

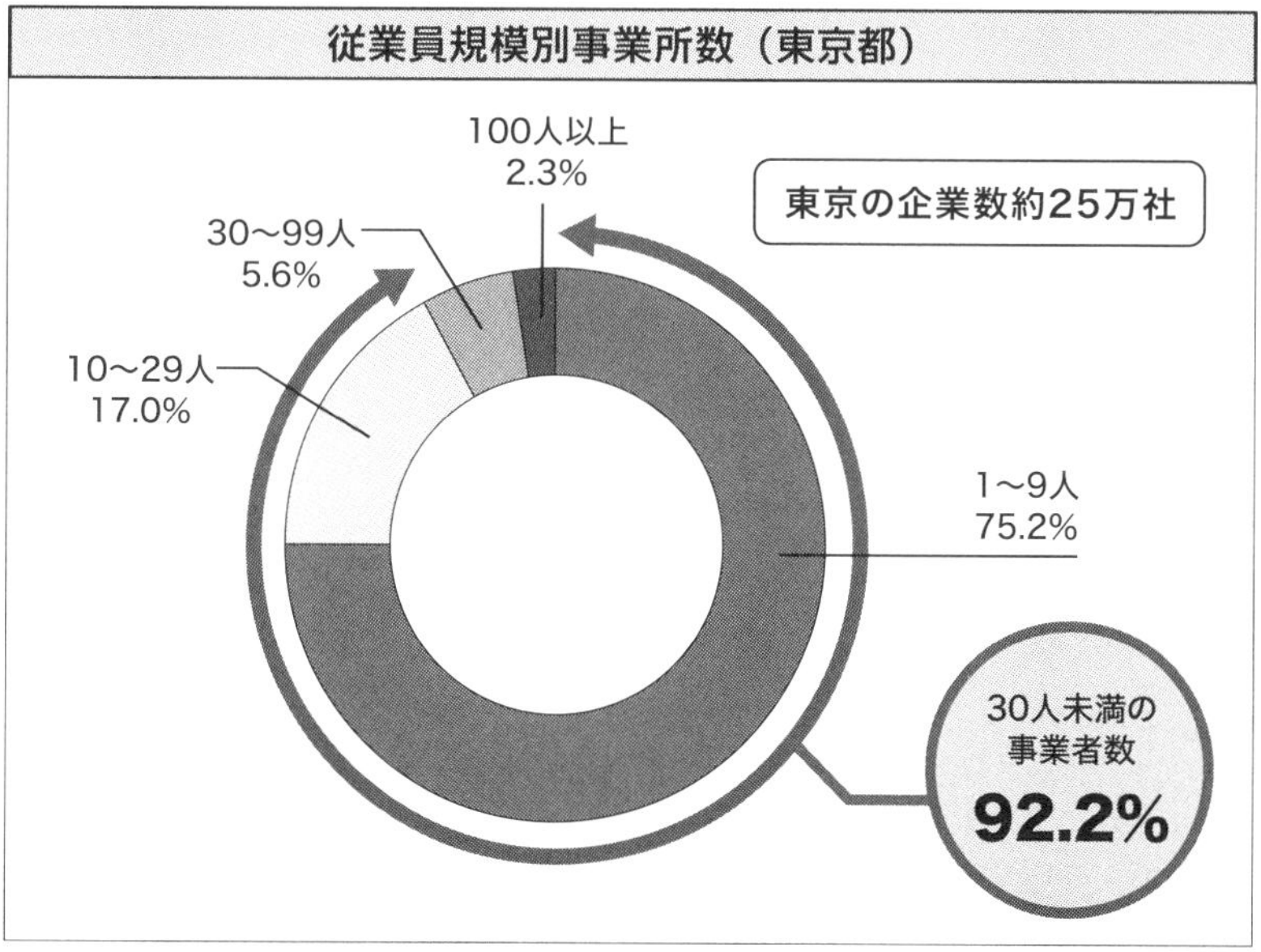

●出所：「平成26年経済センサス・基礎調査 東京都調査結果（確報）（平成29年3月27日）」参照
東京産業労働局2021　東京の社会経済参照

物件によるので一概に言えませんが、一般的に従業員10人未満の企業の場合、恐らくは零細企業かスタートアップ企業が多いでしょう。

ＩＴ系や通販系のように少人数でも大きな売上を出せるような業種もありますが、一般的にはスタートアップ企業の場合、最初は小さなオフィスでもすぐに手狭になり、退去される可能性があります。零細企業の場合は売上規模が小さく、事業継続性も低くなる可能性があるのです。

区分オフィスを買う理由は投資商品として安定したインカムゲインを確保するためです。ですから退去が発生しやすかったり、テナント付けに苦戦したり、事業継続性が望みづらい企業が入りそうなものを選ぶべきではありません。

東京の中小規模ビルはインフレ状態になっている

本章冒頭で「一般的なもの」から「ニーズの高いもの」と説明しました。

中小規模ビルはバブル期に最も多く建てられたと言いましたが、逆に今の令和の時代においてはあまり新しく建てられていません。

むしろ現代はビルが大規模化してきており、虎ノ門ヒルズや渋谷サクラステージや麻布台ヒルズ森ＪＰタワーのような大規模ビルが主流となっています。

『【東京23区】オフィス新規供給量２０１８・オフィスピラミッド２０２１』のデータを見ても、大規模ビルがどんどん建てられ、中小規模ビルの建設が限定的であることが見て取れます。

他にも、森ビルがニュースリリースとして出した２０２３年５月の記事『東京23区の大規模オフィスビル市場動向調査２０２３』では「今後５年の年平均供給量は過去平均を下回る一方、オフィスの『大規模化』『都心部への集積』が進展」とあります。

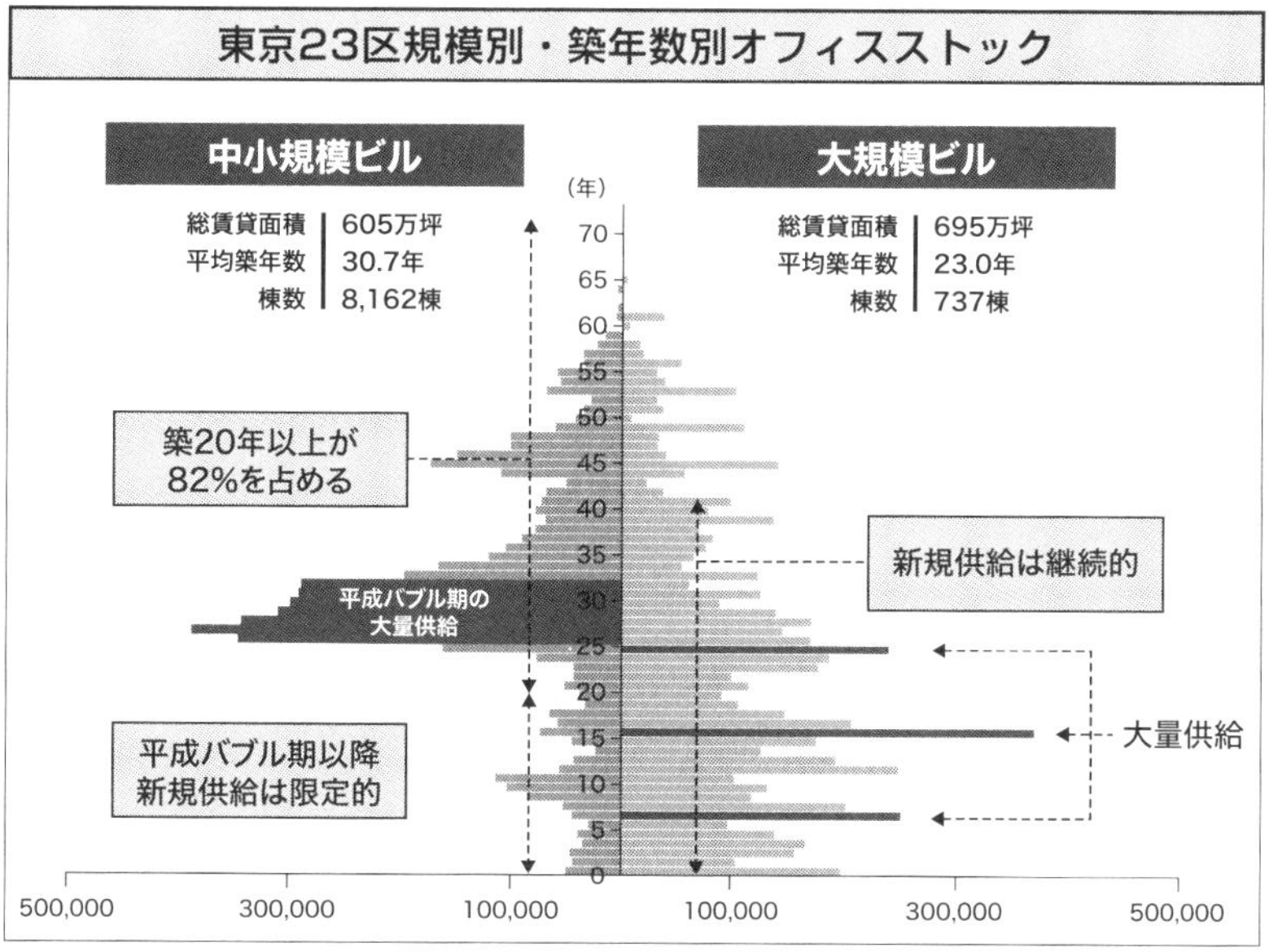

●出所：「【東京23区】オフィス新規供給量2018・オフィスピラミッド2021」

ここで1つ、想像していただきたいのです。

東京という人と建物がひしめき合っているような場所で、大規模ビルがどんどん建てられている。果たして、それだけの土地がどこにあるのでしょうか？

答えを言ってしまうと「再開発」です。

例えば「○○ヒルズ」が建てられるとしたときに、建設予定地内にある建物をまとめて地上げをして、土地を確保します。その中には中小規模ビルももちろん入っています。


先述のデータのように中小規模ビルは新しく建てられることはあまりなく、かつ大規模ビル建設のために周辺の中小規模ビルを含めた建物が取り壊されているということは、言い換えれば「中小規模ビルの数自体が減っている」ということになります。

加えて、ニーズの面では従業員30人未満の企業は9割以上を占め、それらの企業は事業所となるオフィスを求めています。

つまり、中小規模ビルにおいては需要と供給のバランスがインフレーションの状態になっているわけです。

経済の常識として、需要が供給を上回ればモノの価格は上がり（インフレーション）、逆になれば下がります（デフレーション）。

中小規模ビルにおいてはニーズがある＝入りたい人がいるにもかかわらず供給されていない…数が減っているわけですから、必然的に賃料を上げても入ってくれるテナントが存在するわけです。

これが「ニーズの高いもの」と私が解説した理由です。

さらに言ってしまえば、株式会社ＬＩＸＩＬ（リクシル）がコロナ禍の２０２２年11月に本社を東京・品川の住友不動産大崎ガーデンタワーに移転しました。敷地面積を約10分の１に縮小したのです。

私はこれを１つの契機と考えました。

もう、大きなオフィスを必要としている企業はそんなに多くない。実際、これは聞いた話ですが、東京駅周辺には大規模ビルがどんどん建っており、そこでは「賃料を1年間無料にします」というフリーレントによる引き抜き合戦が行われているそうです。

つまり、それくらいしないと入居者が決まらなくなってきているわけです。

このことからも、区分オフィスとして中小規模ビルを選ぶことは理にかなっているのではないでしょうか？

■シェアオフィスやSOHOはライバルにはならない

『大規模ビルのニーズが減っているなら、もしくは7割以上が10人未満の企業なら、むしろシェアオフィスも選択肢になるのでは？』

ここまで読んでみて、そう感じたかもしれません。

シェアオフィスとは1つのフロアを壁やパーテーションで仕切り、フロア内に複数の企業やワーカーを働けるようにしたレンタルスペースです。以前より存在していましたが、コロナ禍によるリモートワークの一般化を経て現在ではかなり広まったと思います。

価格も安く、会社登記もでき、Wi-Fi環境やプリンター（コピー機）も揃っていて、ひと通りオフィスとしての機能は完備しています。スタートアップ企業のように初期費用を抑えてすぐに企業活動をスタートしたいところには大変なメリットがあるでしょう。

ただ一方で、不特定多数の共同の職場のため、セキュリティ面や顧客情報（個人情報）の取り扱いに細心の注意が必要だったり、他の会社の会話、作業音で仕事効率が下がるなどのデメリットが挙げられます。

ビジネスの成長に伴って会社の資料が膨大になったり保管スペースが必要になった際や、来客時の商談内容を他のシェア企業に聞かれる面で社会的信用性も危惧されます。

付け加えるなら、会社としての〝カラー〟も出しにくいです。

スタートアップ企業の初期や、マイクロ企業で〝とりあえずのオフィス〟としての側面であればとても便利だとは思いますが、長期的に考えるとシェアオフィスと通常のオフィスは比較になりません。

良し悪しではなく「役割」が違うわけです。

それに、本書でおすすめしている従業員30人前後の企業をテナントとして考える場合、シェアオフィスでは狭すぎるので対象になりません。

ですから、ライバルにはなり得ないのです。

また、別の面でSOHO（ソーホー）という考え方もあります。

SOHOは「Small Office／Home Office」の頭文字を取ったもので、マンション一室や自宅などの小規模のオフィスで、主にパソコンやインターネットを活用して仕事をする形態に向いたオフィスです。

それ以外にも「〇〇ヒルズ」のレジデンスエリア（住居エリア）をオフィスとして活用することで、〇〇ヒルズとオフィスビルと比べて家賃を低減させる（住宅用家賃で済む）方法を取っている企業も存在します。

例えば、個人でネット通販業をしていたり、デザイナーやライターや編集プロダクションなどのクリエイティブ系、ＩＴ系やマーケティング系の企業などが活用していたりします。


ＳＯＨＯも利用者は増加傾向にあるようです。

しかし、オフィスの主な使用用途が「作業スペース」であり、来客を基本的には受け入れない（その企業側が訪問する）ビジネスであればいいでしょうが、例えば製造業の本社がＳＯＨＯで事足りるかというと、そうはいきません。

また、ＳＯＨＯの場合も部屋の広さがネックになります。

仮に50平米の部屋があるとして、坪数で言えば約15坪です。やはり小規模・零細事業者向けと言えるので、本書でターゲットとしている物件とは兼ね合いがないため、ライバルにはなり得ません。

また住宅を事務所仕様にするケースでは、管理組合との相談、届出に加えて、固定資産税の増額のリスクもあります。

シェアオフィスもＳＯＨＯも、それぞれにメリットがあります。

ですから私は、否定するつもりはまったくありません。

ただ、中小規模ビルとは勝負するフィールドが異なるので、ライバルとして心配する必要はない、ということなのです。

購入エリアは主要5区＋台東区・豊島区などのオフィスエリア

それでは、築30年前後・50坪前後の中小規模ビルをどのエリアで買うべきでしょうか？　これは次章で解説する「一棟ビル」の場合でも同じです。

住宅系の場合は東京23区と説明しましたが、オフィスビルの場合は区分でも一棟でもよりエリアが狭まります。

答えはズバリ「主要5区+台東区・豊島区」です。

主要5区は「千代田区」「中央区」「港区」「新宿区」「渋谷区」です。不動産の世界では「都心5区」とも呼ばれたりします。ここに「台東区」と「豊島区」を追加します。イメージとしては、いわゆる「JR山手線の駅周辺のエリア」です。

トータル7区で住宅系の東京23区内より候補が減ったように感じるかもしれませんが、限定して探すことでよりリスク低減につながります。

というのも、この7区以外の場合は住宅が多いからです。

住宅が多い場所が悪いとは言いません。私が物件を扱う場合でも、例えば文京区で探すこともあります。ただその場合、賃料設定次第にはなってくるのですが、リスクは少なからずあるのです。

事例として、過去に武蔵小山(品川区)の駅前に一棟ビルが売られていました。シェアオフィスや事務所が入っていて、利回りは5%と高めでした。しかし、私はそれをあえて見送りました。7区以外のエリアだったからです。

1年後、再びそのビルの状態を知る機会がありました。するとシェアオフィスも事務所も退去していて、賃料も下がり、利回りが悪くなっていました。

賃料設定はインカムゲインにもキャピタルゲインにもつながる大事な要素ですので間違えてはいけません。

通勤のしやすさ、アクセスの良さ、駅のインフラ設備、トータル的な働きやすさで考えると、やはり主要５区＋２区のほうが格段に良いのです。

主要5区＋2区だと賃料を上げやすい

先述の武蔵小山の事例と主要５区＋２区を比較したときに、そもそもオフィスを探しているテナントの立場に立って考えてみると、より明確に見えてきます。

あなたが会社員なら「主要５区＋２区」と「それ以外のエリア」だったら、どちらにある会社で働きたいでしょうか？　または、あなたが経営者なら同じ条件でどちらにオフィスを構えたいでしょうか？

おのずと答えは出ると思います。

身も蓋もない話ですが、結局は主要5区＋2区のほうがニーズとしては高いのです。ニーズが高いということは、先述の需給バランスの話も相まって、賃料を上げやすくなります。

特に、物価上昇のトレンドもあるので、今は賃料アップ交渉をしやすい時期でもあります。それならば、より価値の高い物件を選ぶべきと言えるでしょう。

ＳＲＣ造・ＲＣ造なら最長「50年－経過年数」の融資がつく

第3章までの住宅系では木造、ＲＣ造でしたが、ビルになると基本的にはＲＣ造の物件になります。さらに「ＳＲＣ造」のビルも追加されます。

ＳＲＣ造とは「鉄骨鉄筋コンクリート造」のことで、Ｈ形鋼などの頑丈な鉄骨（Steel frame）の柱の周りに鉄筋を組んでコンクリートを施工するため、従来のＲＣ造に比べて揺れに強く、強度の高い構造物を建てることができます。

ここで興味深いのは、本来、ＳＲＣ造・ＲＣ造の法定耐用年数は住宅用で47年なのですが、事務所用のオフィスビルの場合は50年になっていることです。

そして、金融機関の融資期間は法定耐用年数から経過年数をマイナスした年数でつきます。本章では築30年前後の物件をおすすめしているので、単純に築年数が30年の場合「50年 ― 30年＝20年」の融資期間となるわけです。

本来、47年であれば17年になるところを3年プラスできるわけです。これはＳＲＣ造・ＲＣ造でも同じなので、仮にＲＣ造しか候補がなくてもマイナス要素にはなりません。

融資期間は住宅系の不動産より短くなりますが、区分マンションと比較しても、物件規模、収入が大きくなります。

例えば、区分マンションであれば月の賃料は８～10万円です。10万円だとして年間１２０万円です。

一方、区分オフィスの月の賃料は「坪数×坪単価」で算出されます。仮に50坪を坪単価１万２０００円で想定すると月60万円、年間７２０万円になります。キャッシュフローが下がったとしても、そもそもの実入りの大きさ自体が同じ区分でもマンションとオフィスで大きく違うことがおわかりいただけると思います。

さらに言ってしまうと、先述の通り、ビルは賃料を上げやすいため、キャピタルゲインを鑑みてもいい影響を与えます。
実際の私たちの実績では10%~30%前後の範囲で賃料を上げることができています。どれも1990年前後に建てられたビルです。

仮に1億円の区分オフィスを買ったとして、賃料を20%上げられたら物件価格も20%上がります。1億2000万円の物件として売却した場合、2000万円の売却益が出るわけです。

東京都台東区上野5丁目
最寄駅：JR山手線
「御徒町駅」徒歩5分

築年：1987年築
■賃料坪単価
10,382円⇒14,300円
■年間賃料
2,940,182円⇒4,049,760円

38%
賃料UP

東京都千代田区麹町２丁目
最寄駅：東京メトロ半蔵門線
「半蔵門駅」徒歩１分

築年：1992年築
■賃料坪単価
16,626円⇒20,233円
■年間賃料
6,829,296円⇒8,310,907円

21%
賃料UP

東京都新宿区１丁目
最寄駅：東京メトロ丸の内線
「新宿御苑前駅」徒歩２分

築年：1997年築
■賃料坪単価
14,675円⇒22,716円
■年間賃料
15,000,198円⇒23,219,387円

54%
賃料UP

融資期間が20年であってもインカムゲイン、キャピタルゲインともにメリットがあり、さらに保有し続けるのであれば21年目からは返済が終わるため丸々手残りにもなります。短期間でローン返済をして大きなキャッシュフローを得られるわけです。

■融資を受ける金融機関は「自宅エリアの地銀」が一番おすすめ

ではその融資をどこで受けるのか、ということが気になると思います。

これも先に答えを言うと「自宅エリアにある地銀」です。法人の場合は「会社の最寄りにある地銀」か「すでに付き合いのある銀行」です。

地銀（地方銀行）は特定の地域を中心に営業活動を行う銀行で、経営者であればすでに取引がある場合もあるでしょう。会社員であれば、もしかすると銀行名を聞けばピンとくるかもしれません。

注意してもらいたいのは、メガバンクには行かないことです。

日本には「M」の頭文字がつく3大メガバンク（頭文字「R」を加えて4大メガバンクとも言わ

れる）がありますが、どれだけ資産を持っている人でもまず融資が通らないからです。私の経験上、不動産融資で通った人を過去に５人しか見たことがありません。

恐らく読者の５割以上が給与振込口座などでメガバンクの口座を持っていると思います。ですから親和性はあると思いますが、それは融資には何のアドバンテージにもなりません。

一方で地銀は、住宅ローンや不動産ローンがメインのビジネスです。「餅は餅屋」の考え方で、不動産投資を考えてくれる銀行を探しましょう。

地元の地銀に関してはインターネットで「地区名　地銀」と打ち込んでみましょう。すぐに一覧が反映されると思いますので、その中で行きやすいところからアプローチをしてみてください。第一地銀でも第二地銀でもかまいません。

不動産会社からも紹介はあると思いますが、自分で足を運ぶことをすべきだと私は考えます。というのも、自宅エリアや会社の最寄りエリアで探す理由は、そうしないと融資が通りにくくなるからです。

よくあるのが購入する物件の近くで地銀を探そうとすることですが、その場合はたらい回しにされて時間をムダにしてしまう可能性が高いです。

近くに地銀がない場合は信用金庫でも融資が通る可能性があります。東京シティ信用金庫、西武信用金庫は不動産に強いので、相談する価値はあります。

また、もしもあなたが経営者で、すでに地銀と取引をしているのであれば、新たに探さなくても、担当者を呼んで相談してみるのもいいでしょう。

物件の「適正賃料」を見極めるための3つのポイント

中古の物件を購入するときについて回る問題として「オーナーチェンジ物件かスケルトン物件か」というものがあります。

区分オフィスにおいては、むしろスケルトン物件のほうが少なく、すでにテナントが入っているオーナーチェンジ物件のほうが多いと思います。もちろん、おすすめなのはテナント付けが不要なオーナーチェンジ物件です。

ただし、どちらの場合であっても現在の賃料が適正であるかどうかは見極めておかないといけません。適正賃料で、まだまだ賃料を上げられる物件のほうが利回りは良くなっていきますし、売却価格も上がるからです。

その際には３つのポイントを事前に確認しておきましょう。

１．購入するビルの設備や間取りを周辺と比較する

不動産には「物件概要書」というものが存在します。対象の物件の標準的な情報を1ページにまとめた書類のことです。業界用語で「マイソク」と呼ばれます。

マイソクのフォーマットは不動産会社によってさまざまですが、載っている内容は基本的に同じです。ただ、大切なのはマイソクに載っている情報を鵜呑みにするのではなく、自分の購入検討中のビルと周辺のビルを比較することです。

トイレが男女別か、間取りが使いにくくないか、エレベーターの数がいくつあるか、など周辺物件のマイソクも一緒に取り寄せて、その上で購入検討中の物件の賃料が適正かどうかを判断してください。

2．直近の他フロアや周辺の成約実績を確認する

設備や間取りの次は賃料と成約実績を調べます。

最善は購入検討中のビルの他のフロアの賃料を知ることです。オフィスビルにおいては1～2階は賃料が高めですので、3階以上のものを参考にします。ただ、これはなかなか難しいのが正直なところです。

もしも購入検討中のビルの賃料がわからない場合は、次善の策として周辺の同グレードのビルで確認をします。不動産会社に依頼すれば、不動産会社しか見られない「ＲＥＩＮＳ（レインズ）」というサイトで調べてもらえます。

実際にいくらで決まっているかの成約実績を教えてもらえるので、例えば隣の同グレードのビルが坪1万5000円で決まっているとしたら、購入検討中の物件を坪1万3000円で設定すれば、保守的に運用できることになります。

さらに周辺の空室状況もチェックが必要です。周辺に空室が多い場合は購入検討中の物件も埋まらない可能性があります。逆に埋まっているのであれば、賃料設定さえ間違えなければ埋まる可能性が高いと考えられるわけです。

３．地場のビル賃貸会社にもヒアリングをする

物件を購入するのは不動産会社、実際のテナント付けを行うのは賃貸会社です。これは住宅系でもオフィスビルでも同じです。

３つ目のポイントとして、実際にその物件のあるエリアで業務を行っているビル賃貸会社へも足を運びましょう。シンプルに「この物件だといくらくらいの賃料ですか？」「自分の持っているデータは適正ですか？」と聞くのです。

物件の賃料を聞く場合に、坪単価がいくらかは教えてもらえるので、そこに坪数をかけ合わせると賃料を割り出すことができます。

仮に適正賃料が坪単価１万３０００円だとして、購入検討中の物件が坪単価１万１０００円だとしたら、２０００円の伸びしろがあることがわかるわけです。

地場の賃貸会社に足を運ぶことで、データ上ではわからなかった情報を得られることもよくあります。

例えば「12月までは稼働していた物件が、年をまたいで新しいビルが近くに建ったことで相場が

下がっている」といったネットには出ていない情報を得られることがあるのでリアルな実情を教えてもらいましょう。

これら3つのポイントを押さえた場合は、利益が出る可能性が高いと言えます。

物件購入前に「適正賃料」を見極めるための3つのポイント

ポイント1．購入するビルの設備や間取りを周辺と比較する
ポイント2．直近の他フロアや周辺の成約実績を確認する
ポイント3．地場のビル賃貸会社にもヒアリングをする

《付録》あるあるトラブル対処法「区分オフィス編」

区分オフィスでは、テナントとなるのは99％が法人です。個人に比べてリスクが少ないことはすでに説明しましたが、だからといって無条件で入居承認をしていいわけではありません。企業データと財務状況をしっかりと調べた上で購入に踏み切りましょう。

チェックする書類は主に「賃貸申込書」「賃貸借契約書」「ホームページ」です。賃貸申込書は新しくテナントが入る場合に発生する書類なので、スケルトン物件の場合は申込時に管理会社からもらってチェックをかけます。賃貸借契約書はすでに交わされているものなので、オーナーチェンジ物件の場合に管理会社からもらってチェックをかけます（申込書も存在します）。ホームページは法人であれば基本存在しますので、インターネット検索で調べることができるでしょう。

具体的にチェックすべきなのは次の項目です。

●入居理由…　その物件への入居が拡大移転のためか縮小移転のためかを主にチェックする。どちらの場合であっても断ることはないが、縮小よりも拡大のほうがこの先も成長する法人であることが想定できるため賃料アップもしやすい。逆に縮小の場合は賃料アップが難しかったり、適正賃料であっても値下げを交渉される可能性がある。

●売上高…　実際にその法人が年商としてどれくらいを稼いでいるかをチェックする。賃貸申込書に記載する必要があるのでそれを確認し、ダブルチェックでホームページを見る。本書でおすすめしている50坪前後に入る中小企業であれば売上高1〜5億円ほどはあると思われる。

●現預金…　その法人にいくらくらいの「お金」があるかをチェックする。会社は赤字でも倒産はしないが、お金＝現預金がなくなると倒産の確率が上がる。こちらは信用調査会社から企業データを取得できるため、不動産会社に確認しましょう。

●従業員数…　その法人が抱えている従業員数をチェックする。多いに越したことはなく、少ない場合は撤退リスクが懸念される。物件の坪数を2で割ると適正な従業員数が見えてくるので、それを基準に判断する。

●設立年…　その法人がいつ設立されたかをチェックする。これも長いに越したことはないが、設立から10年以上であれば安定した経営ができていると判断できる。

●支店…　その法人が支店展開している場合の状況をチェックする。セカンドオフィスとしての入居なのかどうか。オフィスの使用用途が業種と異なっている場合は撤退のリスクがある。ただ中小企業の場合は主に「本社（本店）」としての利用が多いと思われる。

●業種…　その法人の業種・業態をチェックする。夜系の場合は融資がつきづらいのでNGを出して構わない。反社会的勢力が絡んでいる可能性もあり、万が一、犯罪が起きたらビルの価値が下がってしまう。ちなみに反社の場合は申込の段階でリーガルチェックで判断できる。他にも、飲食店の申込はよくあるが、特に重飲食の場合はリフォーム費用がかかったり火災のリスクがあるため、よほど家賃を高くするか、そうでない場合は断り、軽飲食くらいまでにしておくべき。

これらの項目をオーナーチェンジ物件の場合は購入前に、スケルトン物件の場合は実際にテナントから申込があった段階でチェックすることで、その後のトラブルを最小限に抑えることができます。

第５章

一棟ビルで
営業外収益の最大化を実現

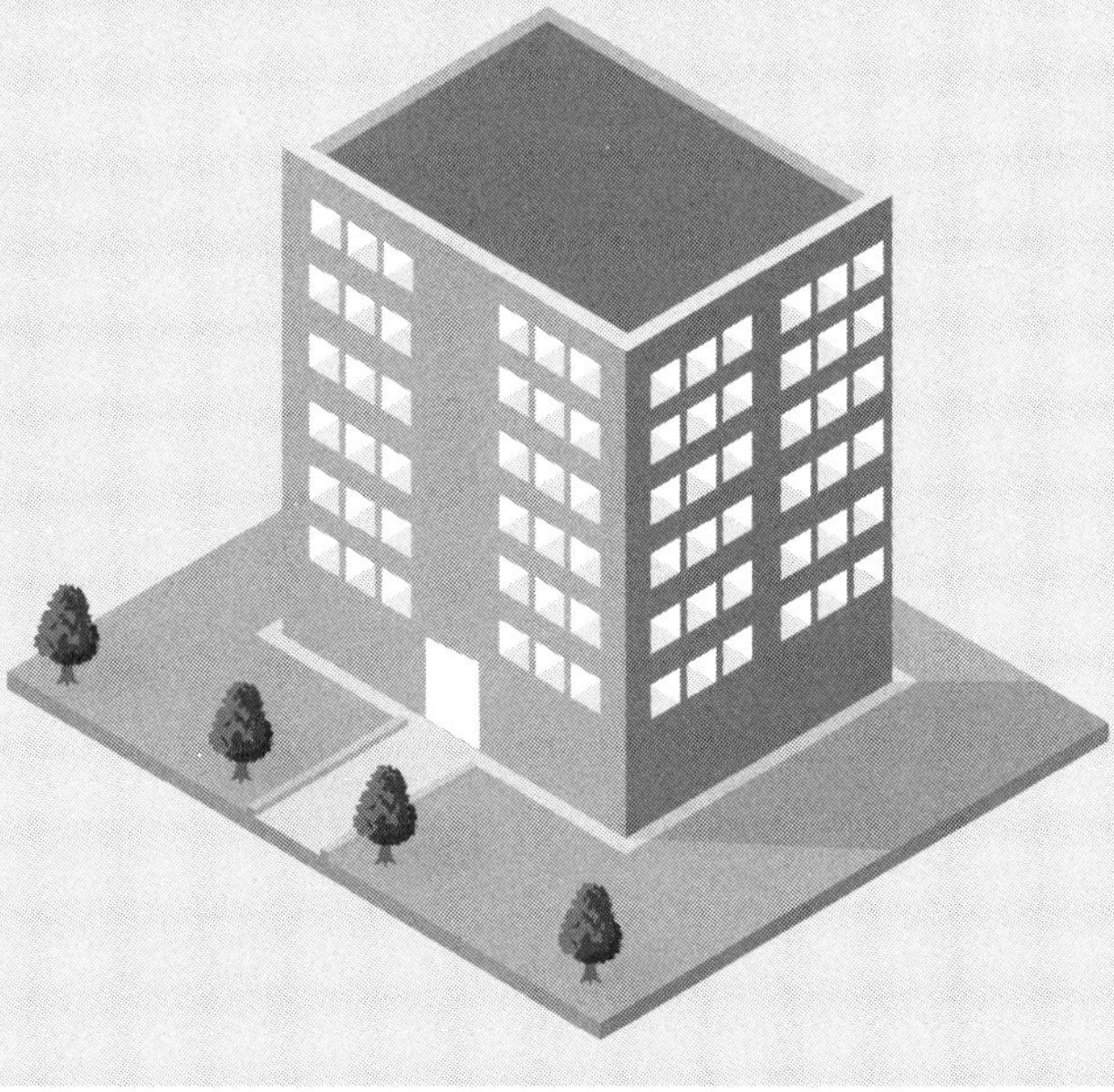

「区分から一棟」でも「区分から区分」でも勝てる

いよいよ最後のステップです。

【ステップ5：4～20億円の一棟オフィスビル（RC、SRC）】の場合は第4章で説明した区分オフィスが複数になるイメージです。

不動産投資を始めた方にたどり着いてもらいたいゴールです。

ただ、このステップになると購入価格が一桁変わってきます。

億単位であることはもちろんのこと、20億円の物件も視野に入ってくるからです。区分オフィスを5年ほど運用して売却すると数千万円レベルのキャピタルゲインを得ることはできるでしょう。

実際に私のお客様でも3年間の運用で1億9000万円の物件を2億4000万円で売却でき、約3000万円の収入と、5000万円の売却益を得た人がいます。

一方、4～20億円の物件を買うとなると、自己資金は2～3割に当たる8000万～4億円前後は必要になってきます。

オフィスビルに関しては「区分から区分」で持つことも選択肢に入ります。所有している区分オフィスを売って５０００万円の利益が出るのであれば、それを元手にもう一度、区分オフィスに投資するのもおすすめです。

実際に内部留保が30億円ほどある企業でも区分を6フロア購入し運用しているケースがあります。

ただ一方で、会社の内部留保が2億円以上ある企業には、それを元手に一棟ビルへのステップアップもおすすめしています。

結局、区分でも一棟でも第4章で説明したようにオフィスビルには「再開発メリット」がありますので、資産状況に合わせてフレキシブルに選択ができる――そんな自由度が高いのがオフィスビルの世界なのです。

最強の老舗事業「貸事務所業」で第2の財布を手に入れよう

区分であっても一棟であっても、不動産投資をするならオフィスビルにまでたどり着いてもらいたいと思っているのは、その事業収益性が故です。

そもそも、不動産投資をすることによって安定的なインカムゲインや大きなキャピタルゲインを獲得できることは、あなたにとっては「第2の財布」を持つことに他なりません。

まず、インカムゲインとして本業とは別の収益を獲得できる要素となります。それがマンションやアパートだと年間数十万~数百万円。オフィスビルであれば区分でも数百万円、一棟だと数千万円の規模になるのです。

元の金額が大きい分、利回りが仮に5%でもインカムが大きくなります。例えば10億円の一棟ビルを所有していて利回り5%なら年間収入は5000万円になります。

次に、ビルを所有することで「売却可能な資産」を持つことになります。

会社員であれば本業の会社勤めがあり、経営者であれば本業の事業を持っているはずです。そして、いざというときにその事業を売却することができないでしょう。会社員であれば言うに及ばず（自分の会社ではないため）、経営者であっても屋台骨を失うことになります。

しかし、ビルを所有していることで何かあったときに売却できる資産となるのです。

実際に２０２１年にはコロナ禍で業績不振になったエイベックス社がカナダの不動産ファンドに本社ビルを７２０億円で売却したことにより、数百億円規模の利益を獲得しています。

インカムゲインでもキャピタルゲインでも、オフィスビルが第２の財布として機能していることはおわかりいただけると思います。

業歴１００年以上の老舗企業１位は貸事務所業

加えて言うなら、本項冒頭で説明した不動産投資の中でも「オフィスビル」がおすすめの事業であることについては帝国データバンクの最新データを見ても明らかです。

帝国データバンクが調査を行った業歴１００年を超える、いわゆる「老舗企業」は全国に

4万3000社以上あり、2024年の見込みではさらに2000社増えて4万5000社に上るそうです。

そして、老舗企業を業種別（細分類）で見てみると「貸事務所」が1401社で最多となり、15年前から1000社近く増加しています。さらに1401社の貸事務所業のうち6割近い796社については不動産業とは別の事業（本業）を手掛けていることがわかっています。

そもそも長期的に継続する事業として「貸事務所業」は間違いなく日本最強であり、住宅系ではなくオフィスビルを区分／一棟を問わず所有することは、極めて安定性が高いと言えます。

さらに、不動産業に限らず別事業を行っている個人や企業であっても、貸事務所業を行っている割合が過半数を超えていますので、専門的な業界（要するに不動産業界）に身を置いていなくてもできることが明らかです。

老舗企業　業種別トップ15

「一棟」でも中古の中小規模ビルを購入する

そんなメリットの多いオフィスビルですが、一棟の場合でも中古の中小規模ビルがオススメです。20坪以上〜100坪未満までで、築年数も30年前後の物件が対象になります。例えば20坪、5階建ての区分オフィスを1つずつ買い増したとすれば、トータル100坪で一棟を買ったのと同じ状態になります。

価格帯的に4〜20億とありますが、イメージとしては次の通りです。

●4億円＝ワンフロア20坪の5階建て（計100坪）（坪単価400万円）
●20億円＝ワンフロア50坪の8階建て（計400坪）（坪単価500万円）

例えば、東京銀座にある銀座エリア最大の商業施設「GINZA SIX」だと売買坪単価が1500万円以上で坪数は1万4200坪です。単純に計算しても2130億円です。

あくまでも豆知識ですが、最大でこのくらいの規模の物件を購入するのだと覚えておきましょう。

■土地の価値が上がりやすいから金融機関の融資もおりやすい

物件金額が４億円からと高額ですが、区分オフィスに比べて自己資金の割合は抑えられることもあります。

ご存知だとは思いますが、東京都心部の不動産は特に「土地」に価値があります。

東京のオフィスビルだと土地８割：建物２割の評価イメージです。区分になると、土地の価値は「８割のうちの１フロア分」になってしまいます。

しかし、一棟の場合は土地がすべて手に入るため金融機関は安心します。そのため融資がおりやすくなり、融資額もアップする（自己資金の割合を減らせる）のです。

さらに言うと、昨今ビルそのものの資産価値が向上傾向にもあります。

東京都内――それも主要５区＋２区には20～１００坪の中小規模ビルは約８０００棟近くあります。第４章でも説明した再開発の問題がさらに中小規模ビルの価値を上げてくれます。前章では賃料の面で解説しましたが、ここではビルそのものの資産価値としてお話しします。

再開発によって大規模ビルが建設されると、その一帯の土地の価値が上がります。先述のＧＩＮ

ＺＡＳＩＸの坪単価を思い出してください。約3倍でしたね。

もしもあなたが一棟ビルを所有したとして、当該エリアが再開発される際には地上げによって高く売却することができますが、仮にそのエリアに入らなくても、周辺にあることで賃料相場や土地の価値が上がり、ビルとしての資産価値も増えます。

また、再開発された大規模ビルに入った企業の子会社やグループ会社、関連会社が本社周辺にオフィスを構えるようになるので、もしかするとあなたのビルにテナントとして入ってくる可能性も考えられます。

他にも、人の流れが変わって価値が上がることも考えられます。

わかりやすい例が蔵前駅の事例です。日本郵政不動産が２０２３年3月に竣工した大規模ビル「蔵前ＪＰテラス」によって浅草橋への人の流れが変わりました。当然、マンションも建てられ、浅草橋駅や蔵前駅のオフィスビルの賃料相場は10～20％ほど上がっています。

このように、再開発によってビルの資産価値が上がる恩恵にあずかれるのです。

加えて言うならビルの場合、資産価値は「路線価」がベースになっています。

路線価とは定められている地域の土地などを評価するときに用いられるもので、路線（道路）に面する標準的な宅地の1平方メートルあたりの価額のことを言います。東京都心部の商業地エリアにおいては、この路線価がここ数年で20～30％上がっているのです。

それとともに土地の価値も上がり、ビルの価値も相対的に上がっているわけです。

管理組合がないから自分の判断でも資産価値を上げられる

一棟ビルの場合、物件の資産価値を上げる方法は他にもあります。

第2章の「一棟アパート」のところで、宅配ボックスやカーポートやバイク置き場を作るなどして物件の価値をオーナーの判断で自由に上げることができることは説明しました。

これと同じことが一棟ビルでも可能です。もちろん区分オフィスでもできないわけではありませんが、スピードと実行可能性が変わってきます。

ビルの価値を上げるためにオーナーができることに「リフォーム」があります。

場所としては「外壁」「エレベーター」「館銘板」「集合ポスト」「エントランス」です。館銘板（建物の入り口やエントランスなどに配置するビル名、社名や店舗名を表示する表札看板）や集合ポストは汚れていたり、古びているだけでビルの資産価値が下がります。

リフォームは内容によってかかる金額が変わりますが、ちょっとしたリフォームでもビルの価値を上げられるのでおすすめです。

ここで重要なのは、どのようなリフォームを行うかよりも「（何を）やる／（何を）やらない」の判断をオーナーが自分で決められることです。

区分オフィスの場合、購入するとほぼ必ず「管理組合」が存在します。管理組合とは、物件の所有者たちで構成された組合組織です。

存在意義は「各所有者の意思疎通の促進」と「建物の維持管理を適正に行うこと」にあり、修繕積立金の積み立てと長期修繕計画を立てています。管理組合は法律で決められているわけではありませんが、物件の維持管理のためにも設立すべきものと認識されているため、区分オフィスを購入したらほぼ確実に存在していると思ってかまいません。

そして、区分オフィスは一棟を複数のオーナーでシェアするため、必然的に2人以上の所有者が存在します。

すると管理組合が存在し、定例の総会が行われているはずです。修繕計画の進捗や、修繕積立金の使い道などを決議するための会議が行われているのです。

ということは、あなたが何かリフォームをしたいと考えたときにも会議が開かれることになります。

要するに、自分だけのお金ではないので自分の意思決定だけでは自由に使えないわけです。

実際に、私が過去に関わった事例で解説します。

あるビルの２階部分を所有していたオーナーがいました。オフィスにはエアコンがあったのですが、夏になると極端に効きが悪くなる事案が発生しました。

調べてみると室外機が直射日光に当たる位置にあり、暑い夏の昼間は室外機が熱を持ってしまってうまく機能していないことがわかりました。

そこで私が交渉して修繕積立金で室外機の位置を変えてもらうよう、管理組合に働きかけました。

しかし総会が開かれても話し合いは遅々として進みませんでした。

私は設置箇所の変更もしくは、３万円くらいで室外機のカバーをつけてもらうよう交渉しましたがその際も「どこにどんなものをどうやって設置するか」の計画書を求められました。

結局、事案発生から解決まで2カ月ほどかかってしまいました。

この事例は区分オフィスを所有することや、管理組合の存在そのものを否定するためのものではありません。

あくまでも違いとして、ビルの価値を上げたいと希望するオーナーにとっては、区分で持つよりも一棟で持つほうが自由度は高いことをお伝えしたいのです。

何をどうリフォームするか、そもそもリフォーム自体をするのか、しないのか、改装のための融通が利きやすいのです。

「物件の中と外」を育てる意識で一棟ビルを所有する

不動産投資をするならオフィスビルにまでたどり着いてもらいたい理由は他にもあります。まず言えるのは、住宅系に比べてオフィスビルは売却益を購入時から維持しやすいということが挙げられます。

売却益はそのときの賃料から算出されることはすでに説明しました。ということは、賃料が何年も下がっていない（むしろ上がっている）ことが売却益を取るための方法論になります。

ただ、住居系はどうしても築年数とともに賃料が下がり、ライバルの増加、人口減、所得減、供給の増加などの理由から賃料が下がる傾向にあります。

もちろん、本書ではそれでも売却益を得るための方法を解説してきたつもりですが、一方でオフィスビルの場合は築30年でも賃料を上げていける可能性が高いのです。

すでに説明したようにインフレ化している中小規模ビルは、都内に限定的しかない状態なので希少性が高いです。そのため賃料は上げやすいわけです。

これは言い方を変えるならば、オフィスビルは区分でも一棟でも「購入後に育てていける物件」ということでもあります。

そしてその意識で物件を所有し運用することによって、安定的なインカムゲインだけでなく、大きな売却益にもつながっていくのです。

■ 4億円のビルをリフォームしたら5・5億円で売れた事例

オフィスビルは区分でも一棟でも育てていける物件だと説明しましたが、育てる部分には「内側」と「外側」があります。

外側はすでにお話しした「リフォーム」です。見栄えを良くしたり設備を新しく整えるだけでも資産価値が上がるのです。

内側とは入居の関係です。空室を埋める、適正賃料にする、賃料を上げる、などのビルの内側で行われている管理のことを意味します。

ここで1つ事例を紹介します。

東京都千代田区にあった駅から徒歩3分、9階建て、4億円のビルの事例です。私が売買のお手伝いをした際に空室の存在や清掃が行き届いていない事案が判明しました。前オーナーが外国人だったため、賃料設定がバラバラで契約条件もグチャグチャだったのです。

そこで私たちで管理をお預かりし、賃料を相場相応に上げて全フロアで統一感を出し、清掃も行って清潔で見栄えの良いビルに変身させました。

改善には2年ほどかかりましたが、最終的に現オーナーが売却した際には5・5億円になりました。

清掃も行ったので内側と一部外側も入っていますが、それでもうまく育てることで1・5億円もの売却益を出すことができたわけです。

■「順調でない物件」のほうが利益を取りやすい

前項の事例では4億円が5・5億円になりましたから37％のアップで利益を得たことになります。

「こんな事例がゴロゴロあるのがビルの世界」は言い過ぎですが、それでも育てていく意識を持つことで、20～30％アップでの利益確保は決して夢物語ではありません。

また別の事例で、秋葉原の物件では、6億5000万円だった物件が2年後に8億円で売れたケースもあります。

入居率を上げ、賃料もアップしたことで利回り3%だったものが5・5%にまで良くなり、周辺相場の売買価格に合わせて売却したところ、23%アップの利益確保となったのです。

このような物件を見つけるためには、いくつかの準備と心構えが必要です。

まず、不動産サイトで目を養い、知識を得て、不動産会社と関係性を作り常に「お買い得な物件」を紹介してもらうことが必要です。

さらに、物件を出してもらうときも根拠書類を出してもらいましょう。例えば高額な賃料でも周辺のビルで入居が決まっている実態が証拠としてあれば、その物件は高い利回りを得られる可能性があります。

そして何より大事なのは「最初から順調な物件は出てこないもの」と考えておくことです。やはり「育てる意識」なのです。

空室物件や賃料が割安な物件は一見すると手がつけづらそうです。しかし「どうすれば価値が上がるか」の目線でその物件を見たときに、むしろ20～30％アップの利益確保ができるのはそのような物件だったりするのです。

空室があるなら入居付けをすればいいだけですし、汚いなら清掃やリフォームをすればいいだけですし、低い賃料は周辺と比較して上げればいいのです。

外国人が持っていたり、ビルの外観が汚れていたり、空室が多いときに「このビルはダメじゃないか」「この家賃しか取れない」と考えてしまうことのほうが機会損失につながってしまいます。

むしろ、順調な物件は手放されないものなのです。

手放されるとしたら何か問題がある可能性が高いのです。相続などの問題であれば話は違いますが、そうでなければ見た目が良く、入居者がついていて、家賃が高い場合は、そこからは発展させられない可能性があったりします。

もちろん、割安で綺麗で利回りがいい物件があればそれを買うべきです。しかし、そんな旨味たっぷりな物件はそう簡単には出てこないのです。

ビル保有と「事業計画」は1セット

区分であっても一棟であっても、ビルを購入するときには「事業計画書」が必要です。不動産会社が作成するもので「収支計画書」「収支シミュレーション」と呼ばれたりもします。

物件を長期で持ったときのイメージをリアルなものにするための書類で、賃料が上がったら（逆に下がったら）どうするか、支出＝出ていくお金が増えたらどうするか、などの要素を可視化して計画しやすくするためのものです。

これは融資を受ける際にも必要とされることがあり、その判断は金融機関が行います。

■「賃料の想定見込み」を見るときのポイント

その上で見極めるべきは3つ「賃料の想定見込み」「広告費の含有」「管理費と修繕積立金の推移」です。これらについてそれぞれ解説していきます。

１つ目は「賃料の想定見込み」です。

年間でいくらくらいの収入が期待できるかを検証します。「賃料の想定見込み」から「運用コスト」をマイナスしたものが手残りになります。

これは単に高いか低いか、上がるかどうかで見るのではありません。

手残りが低かったとしても、その分の返済は進んでいる実態があります。

仮に、４億円の物件を３億円の融資で買ったとします。金利０・６％で融資期間20年で計算すると、月１３２万円になるので年間で約１６００万円の返済です。単純計算として10年保有するとなると、３億円のうちの約半分を返済できたことになります。その時点で４億円で売却できれば、その分が利益となるわけです。

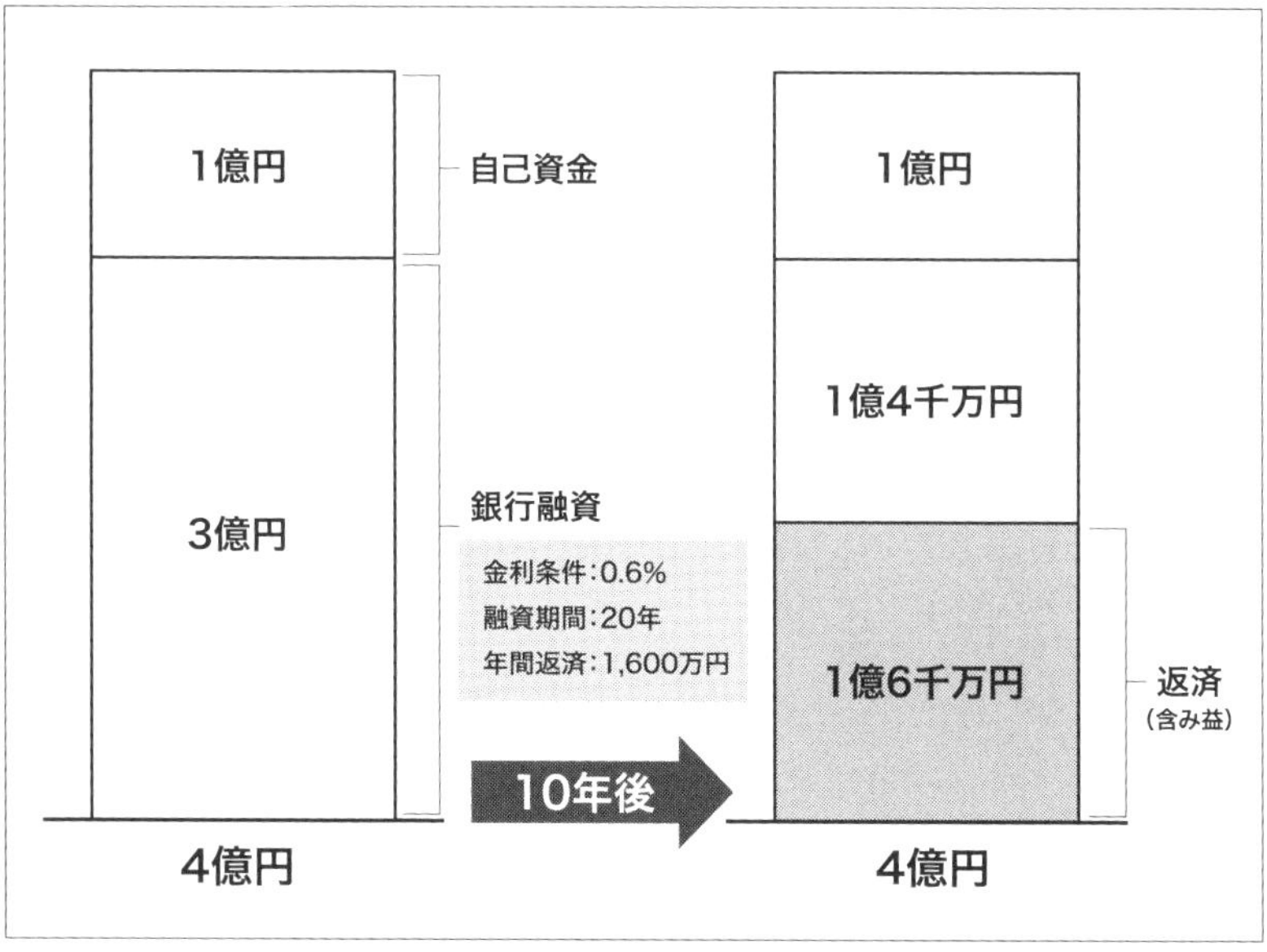

大切なのは、たとえ手残りが低くても売却益で取り返せるのであれば、プラスになる、ということです。結局、それが「計画した資産形成」と合っているかが重要になってきます。

次に、賃料に関しては「下がらないこと」が何より大事です。賃料が下がると売却価格も下がるからです。

3年に1回は賃料が5％下がる想定をして、仮に下がる場合でも「これ以下にはならないかどうか」という視点でチェックをすることが大事です。

■「広告費の含有」を見るときのポイント

2つ目は「広告費の含有」です。

広告費についてはすでに説明していますが、入居が決まったときに支払わなければいけないお金がシミュレーションに含まれているかどうかを最初に確認しておいてください。含まれていない場合、その都度必要になるので、想定外の支出が発生することになります。

ただし、広告費が仮に含まれていないとしても、きちんと理由があるケースもあります。例えば弊社の場合、収支シミュレーションに広告費は含みませんが、そこにはカラクリがあります。最初にテナントに入居してもらう際に6カ月分の敷金を預かるのですが、そのうちの２カ月分を償却費として解約時に頂戴する契約をテナントと結んでいるのです。それを次のテナントのための広告費に充当できるので、シミュレーションには含まないのです。

このようなケースもあるので、不動産会社への確認が必要です。

■「管理費と修繕積立金の推移」を見るときのポイント

３つ目は「管理費と修繕積立金の推移」です。

まず、管理費については2種類あります。「ビルメンテナンス（ＢＭ）」と「プロパティ・マネジメント（ＰＭ）」で、どちらも月払いです。

ビルメンテナンスは、掃除、エレベーター点検、消防設備の点検などビル管理において必要なものです。ＰＭは賃料の送金や賃料交渉など、物件に直接的に関わる管理業務の全般を指します。オーナーに代わって資産価値の維持・向上や、テナントへのスムーズな対応などを行うので業務範囲は多岐に渡ります。

時代の変遷とともに人件費含め原価が上がるため、もしも管理費が20年間一律だと見立てが甘いと考えられます。


次に修繕積立金は、中古物件を買う以上は管理組合に貯まっているはずですので、その金額を確認します。貯まっていない場合は大規模修繕が行われた可能性があるのでその履歴を確認します。

修繕積立金の確認ができたら今後、どんな大規模修繕の可能性があるか、積み立てられている金額で足りるかどうかを確認してください。足りない場合は修繕積立金が上がることが推測できます。


さらに「固定資産税」も併せてチェックしておきましょう。

固定資産税は総務省が定めた土地や家屋を評価する「固定資産評価基準」によって決まります。

固定資産税は3年に1回更新されます。チェックする際は3年以上前まで遡ってみて、どう上がっているか、そのパーセンテージを確認してください。

《付録》あるあるトラブル対処法「オフィス一棟ビル編」

オフィス一棟ビルになると、オーナーは所有しているビル全体のコーディネートをできるようになります。

その際、ビルの「顔」となるのはやはり1階のテナント、もしくはエントランス部分です。最初に目に入る場所であり最初に足を踏み入れる場所でもあるので、特に重要なのです。エントランスであれば日々の清掃や、必要に応じたリフォームが重要になってくるでしょう。では、1階のテナントについてはどうでしょうか？

ここにもポイントが存在します。

「1階のテナントにどんな法人を選ぶか」はビルにとって重要です。

例えば飲食店を入れるのであれば「重飲食」と「軽飲食」に分けられます。

前者は焼鳥屋、焼肉屋、ラーメン屋、中華料理屋、カレー屋などの飲食店の大半を占めるものを言います。

後者はカフェ、バー、スナックのような本格的な調理を伴わないようなものを指します。

重飲食は油やスパイスの匂い、調理で発生する煙がつきもので、さらに害虫やネズミなどの発生がついて回ります。そう考えると、飲食専門の店舗ビルでもない限りは軽飲食くらいまでにしておくほうが安全でしょう。

他にも、オーナーとしてはあまり歓迎しない業態がテナントとして入居を希望してくることもあります。

例えば、ピンク色の強いエステやマッサージ店（中国系のマッサージ）など合法であったとしても社会的なイメージとしてはマイナスにとらえられ、ビルの価値が下がってしまいます。

オフィスビルにとって1階は顔であり、時にオーナーが歓迎しない業態が入居を希望してくることは避けられないとして、これらはあくまでも他のテナントも存在する一棟ビルだからこその「全体最適」で考えるべき事案です。

全体を考えて「入居させたくない」と考えるのであれば拒否してください。

オーナーにはテナントを選考し、拒否する権利があります。テナント募集をした場合、最初に内覧希望の連絡が入るのですが、その際にオーナーは希望に沿わない業種・業態の内覧を拒否できます。

拒否をしたとしても何か罰せられることはありません。

それに、間に管理会社が入っている場合（基本的に入っていると考えてかまいません）、やり取りは管理会社に任せられます。

一棟ビルはオーナーのものであり、かつそこで長期に入居してくれるテナントのためのものでもあります。だからこそ、みんなが幸せになることを前提にテナント選びを行い、安定した利益獲得を目指してほしいと思います。

第６章

「初めての
ステップアップ不動産投資」
成功事例

ステップアップ不動産投資で成功した7人の事例

前章までの内容で5ステップについての説明は完了です。

オフィスビル投資についてもっと深く知りたい人は、弊社代表取締役社長の青木龍が上梓した2冊の書籍『2％の人しか知らない、3億円儲かるビル投資術』（ぱる出版）、『御社の新しい収益基盤を構築する区分オフィスビル投資術』（ビジネス教育出版社）も参考にしてみてください。より詳細な内容を初心者にもわかりやすく解説しています。

本章では、ここまでに説明してきたステップアップ不動産投資によって成功を収めている方々の事例を紹介します。

不動産投資の「選ばれた人にしかできないイメージ」を払拭するために、あえて一般の会社員や年金受給者を含めた事例です。

また本章で説明する事例の方々の中には、ステップ1～5を順番に歩んできたわけではない人もいます。

本書で説明してきた内容はあくまでもベースとなる安全策での投資術でした。しかし、必ずしもそれに倣わなければいけないわけではありません。

柔軟に、できるところから始めてもかまわないのです。

■事例１：一棟アパートから始めて複数所有で売却益見込が１億円

１つ目の事例は40代の会社員Kさんです。

Kさんの最初の不動産投資は一棟アパートでした。35歳のときに自己資金６００万円を捻出して品川区内にある築６年（中古）の一棟アパートを１億４０００万円で購入しました。利回りは６％ほどで年間の手残り（利益）が１５０万円。現在も所有中で、最初の不動産投資が成功した形になりました。

１件目で成功したKさんは3年後、同じような物件をさらに所有して自己資金を貯めていきました。そして自己資金が１５００万円貯まった後、次は区分マンションを購入。年間の手残り４００万円を得られるようになりました。

住宅系の不動産投資を経験したKさんは、次にビル投資へのステップアップを考えました。私から提案をさせていただき、人形町の区分店舗で1億円の物件を自己資金1000万円で購入。居酒屋の入っている物件をそのままオーナーチェンジで購入しました。

その物件も3年後には売却しましたが、その際の売却額は1億4000万円。つまり4000万円のキャピタルゲインを得ることができたのです。

その後、Kさんは4000万円を元手に一棟マンションを2つ購入しました。持ち出しはほぼなしで、さらに所有している2つの一棟アパートを売却すると約1億円のキャピタルゲインが得られる資産ができています。

その資産を念頭にKさんは現在、一棟ビルを購入するため自身のポートフォリオを精査しています。Kさんにとって何より嬉しかったのは、中学生の娘さんを海外の大学に入学させるためのまとまった資金を準備できたことだそうです。

不動産投資で手に入れるものがキャッシュだけではないことを教えてくれる、良い事例だと思います。

■事例2：区分マンションの売却益を元手に一棟アパートに挑戦

２つ目の事例は40代の会社員Mさんです。

Mさんは30代のときに家族と住むための区分マンションを東京都内に購入しました。駅から徒歩5分の立地で、住宅ローンを使って購入金額は４０００万円。いわゆる「マイホーム」を手に入れたわけです。

６年後、Mさんは区分マンションを５６００万円で売却。ここからMさんの不動産投資が始まりました。

都内の賃貸マンションに移り住み、区分マンションの売却益を元手に自己資金４００万円で７５００万円の一棟アパートを名古屋市内に購入。さらに1年後、東京に８８００万円の一棟アパートを購入しました。どちらも新築でした。

自己資金が余っていたMさんは、さらに1年後に千葉市内に自己資金５００万円で1億円の一棟アパートを新築で購入しました。たった3年の間に3棟のアパートのオーナーになったのです。

Mさんが不動産投資を始めたきっかけは、家族のために自分の年収1000万円と同じくらいの副収入を手にしたかったからです。Mさんの3棟はどれも空室が出てもすぐ入居が決まる物件で、年間の手残りは3棟合計で600万円になりました

さらに、近年には横浜市内に4棟目も購入。自己資金600万円で6000万円の一棟アパートを中古で購入しました。この年間利益が200万円です。

Mさんの物件は売却によっても利益は出ます。しかし「年間1000万円」という目標があるため持ち続け、現在のトータル800万円からさらに上を目指そうとしています。

この事例でぜひ知ってもらいたいのは、もしもマイホームでマンションを持っているような人であれば、その売却益を元手に不動産投資を始められる可能性がある、ということです。

もちろん、だからといって「マンションを売ろう」というわけではありませんが、預貯金とは別にマンションも会社員にとって売却可能な資産だということは知っておいてもらいたいと思います。

■事例３：80歳の年金受給者が相続のために不動産投資をスタート

３つ目の事例は金額よりも不動産投資の可能性を語った事例です。Ｓさんは80代の年金受給者で、元・職人でした。

Ｓさんはその道60年のベテラン家具職人で、自宅兼工房の家を持っていました。名古屋の中心からは少し離れた場所でしたが、60年の間にイオンモールができ、その影響で周辺や駅が開発され、街はターミナル化していきました。

それにより、最初は坪５万円の価値しかなかった自宅兼工房の土地の価格が10倍の坪50万円にまで上がり、Ｓさんは引退して子供たちへ引き継ぐことを考えたときに改めて自分の資産を見直したのです。

Ｓさんには資産として不動産（自宅兼工房と駐車場）、株式、現金がありました。相続の場合、現金で持つよりも不動産で持ったほうが相続税の額は圧縮されます。１億円の現金と１億円分の不動産では、同じ「１億円の資産」でも相続税で払う金額が変わるのです。

そこでＳさんは80歳の年金受給者になってから不動産投資を始めました。それまで貯めていた現金と株式、駐車場を担保に銀行から融資を受け、7000万円の一棟アパートを新築で郊外に建てたのです。さらに1年後、8000万円の一棟アパートも新築で購入しました。

5年経った今、Sさんはまだ物件を保有していますが、賃料アップも実現できて、仮に2件を売却したとしてもトータル3000万円のキャピタルゲインが出る試算が出ています。

しかし、この事例であえてお伝えしたいのは金額ではなく「80歳を超えてから、しかも年金受給者でも不動産投資ができる」という事実です。もちろん条件はあります。担保になる土地や1000万円ほどの自己資金が必要です。

高齢ということもあって融資が通りにくいのも事実です。しかし、決して〝不可能〟ではないことを知ってもらいたいと思います。

■事例4：60代でマンション投資をして年間1200万円の不労所得

4つ目の事例は60代の女性医師Oさんです。

Oさんは開業医でそれなりの収入がありましたが、60代になり、引退の時期を察して年金にプラスできる不労所得を得たいと考えていました。

しかし、Oさんには忘れがたい過去の苦い経験がありました。約30年前のバブルの時期に株式投資をしていたのですが、バブル経済崩壊とともに紙くずになってしまい、約5000万円を失ったことがあったのです。

ですから、再び投資をする場合でももっと手堅く、中長期で安定安しやすい保守的な姿勢になっていました。そんなときに思い至ったのが不動産でした。

まずは自己資金なしで2500万円の区分マンションを東京都練馬区に購入しました。さらに、江戸川区で3000万円、中野区で3500万円と買い増していきました。

物件はすべて中古の物件でした。この最初の投資でOさんは利回り5%、年間約450万円の収入を得ることができました。

不動産できちんと利益が出ることがわかったOさんは、そこからアパートに行かず一棟マンションの投資にチャレンジしました。すでに3区分も持っていたのでアパートよりマンションのほうが親和性が高かったためです。

板橋区に1億5000万円の物件を購入し、利回り5％で年間750万円の収益。区分マンション3件と合わせて1200万円の不労所得を構築することができました。


開業医の収入からしても1200万円はとても大きいです。会社員2〜3人分の年収に相当しますので、仮に現役を引退したとしても充分に暮らしていける資産を得たと言えるでしょう。

医師という職業は金融機関からの評価が高く、ローン審査が通りやすい傾向にあります。それは何も住宅ローンに限った話ではなく投資用の融資でも当然通りやすいのです。


マンション投資でそのことを知ったOさんは次の展開を画策中です。

区分マンションを売却した資金を元手に区分オフィス投資を始めるのもいいでしょうし、すべての物件を手放して一棟ビルにチャレンジするのもいいでしょう。

Oさん自身の人生設計に合わせて選択して行ける自由度があります。

■事例５：区分マンションと区分オフィスビルにて売却益８０００万円

５つ目の事例は40代の女性税理士Ｉさんです。

老後の私的年金を目的に不動産投資を考えていたＩさんは、最初に区分マンションを都内に２件購入。そこから数年間、インカムゲインを得ながら本業である税理士事務所の経営を行っていました。

Ｉさんが区分マンションを購入したのは２０１５年頃で、今よりも物件金額が安く、融資の金利も低い時代でした。ですから、充分な手残りがＩさんにはもたらされました。

しかし、５年所有した頃になって、徐々にインカムゲインが目減りしてきていることにＩさんは気づきました。できるだけ資産価値が高い物件でキャピタルゲインを得たいと考えたＩさんは、ターゲットを住宅系からオフィス系に変更。都内で区分オフィスを購入しました。

不動産投資を始めて５年ほどで区分マンション２つ、区分オフィスビル１つの所有ができたのです。

そして3年後、Iさんはすべての物件を売却。マンションはそれぞれ1500万円と2300万円、区分オフィスは4200万円のキャピタルゲインが出ました。トータル8000万円のキャピタルゲインとなり、当初の「大きなキャピタルゲインを得たい」という目的を達成できたことになります。

前項の医師Oさんと同じく、税理士や弁護士などの「士業」もまた、職業的評価としてはプラスに見られることが多く、融資には有利な傾向が強いです。

Iさんは8000万円を元手に次も検討していて、区分オフィスビルを複数戸買うか、一棟にチャレンジするかを思案中です。まだ40代で現役なので、社会的信用が高いうちに次の融資をしてもらい、ステップアップを狙っています。

■事例6：連続オフィスビル投資で資産が1億5000万円プラスに

6つ目の事例は50代の建設会社社長のTさんです。

Tさんは会社経営をしていましたが、人材不足、仕入高による売上、利益の不安定さがある業態がゆえの悩みを抱えていました。本業と連動しない安定的な営業外利益の構築をしたかったのです。

ＲＥＩＴのような不動産投資の知識を持っていましたが、それでは自分の求めるレバレッジをかけられず利益が出にくいこともまた知っていました。そこで徐々に現物の不動産へと興味が移っていきました。

最初に買ったのは地元である東北地方の一棟ビルでした。都心に比べて地方は価格が下がります。Ｔさんの場合は3億円で一棟ビルを購入し、３年ほど運用して売却。１５００万円のキャピタルゲインが出ました。

最初のオフィスビル投資に成功したＴさんでしたが、経営者の勘で「より資産性が高い物件であれば、もっと利益が出るのではないか」と考えました。

そこで〝不動産投資の東京進出〟の足がかりとして新宿区の区分オフィスを2億円で購入。５年運用して２５００万円の売却益を獲得し、地元と比較して「やはり東京のほうがいい」という確信を得ました。

不動産投資の東京進出に成功したＴさんは、次に4億円で一棟ビルを購入。３年保有で売却して

1億1000万円の売却益になりました。トータル1億5000万円を超える利益がここまでに出たことになります。

Tさんは東北地方に今も在住で、地元にも不動産を持ちながら建設会社を経営中です。ここまでに得た資金を使って東京都中央区で3億8000万円の1棟ビルを購入。現在も保有しており、インカムゲインとキャピタルゲインを狙っています。

建設業は浮き沈みがある上に、人件費や材料費などが先に持ち出しとして必要になることがある業種です。お金が入ってくるのが遅い業態なので資金繰りに苦労します。

しかし、不動産投資によって営業外収益を獲得できたことによって、必要なときに充当ができ安定した経営を維持しています。

Tさんの会社は売上15億円、純資産10億円なので内部留保がしっかりある会社ですが、同じように内部留保がある企業であれば、住宅系からではなくオフィスビル投資から始めるのも方法の1つと言えます。

■ 事例７：連続オフィスビル投資で資産が１億５０００万円プラスに

最後に少し変わった事例をご紹介します。

50代のＩＴエンジニアのＹさんは東京都中央区に築20年の区分マンション（ワンルーム）を所有、７万円の賃料を設定していました。

単身者用の部屋として入居はついていましたが、入居者の退去が決まったタイミングで不動産会社にある提案を投げかけました。

それが「自分の物件を事務所として活用できないか」というものでした。いわゆる「物件のＳＯＨＯ化」でした。


住居用物件をＳＯＨＯに変更したい場合、管理組合へ事前に相談して承諾されれば、オーナーが入居者の募集広告上で「事務所兼住居での使用可」という表記をするだけでかまいません（ただし、不特定多数の人が頻繁に出入りする仕事の場合は認められないことがあります）。

Ｙさんは次の入居者からＳＯＨＯにしたことにより、賃料を7万円から9万５０００円にアップさせることができました（約35％アップ）。ＳＯＨＯにしたことによって本来必要な水回りの改修などもせずに済み、コスト削減もできました。
入居する法人としても、ＳＯＨＯであれば住宅のときより賃料が上がっていたとしても、オフィスを借りるよりは安く済むので、お互いのニーズがマッチした結果と言えます。

Ｙさんの物件は単身者用の区分マンションですので、ＳＯＨＯにしたとしても、入れる企業は従業員数人レベルの企業になるでしょう。

しかし、所有する物件の活かし方としてはこのような方法もあるのです。

Ｙさんの場合はリフォームを行いませんでしたが、よりオフィスとしての必要性を高めるためにお風呂を取り外すなどの水回りのリフォームを行えば、賃料はもう少し上げられるでしょう。

ただ、そのためにはリフォーム代もかかってしまいます。

この辺りはオーナーの判断次第になるのでこれ以上は言及しませんが、それでも区分マンションの活かし方の１つとして、面白い事例だと思います。

第７章

「幸せな不動産わらしべ長者」への第一歩を踏み出そう

寿司屋兼不動産投資家だった祖父が教えてくれたこと

最後になりましたが、少し私のことをお話しさせてください。

私は現在㈱アグノストリにて投資用ビルの売買仲介を行っていますが、以前は投資用不動産会社で住宅用のデザイナーズアパートを5年間で200棟以上販売していました。

第二新卒以降、ずっと不動産業界に身を置いてきた背景には幼い頃の祖父との関わりが大きく影響しています。

私の実家は名古屋で飲食店を営んでおり、祖父が一代で60年以上も続く寿司屋を築き上げました。

自宅兼店舗なので、毎日忙しく仕事に励む姿を見て育ちました。

不況に弱い飲食店でも今日まで何不自由なく暮らせたのは、祖父の投資家としての一面があったからなのだと思います。

祖父は寿司職人でありながら不動産投資家でもありました。

最初は小さな寿司屋から始まり、次に自宅兼店舗を建て、その後アパートを購入したそうです。

今では珍しいのですが、管理会社を通さず自分で管理を行っていたので、子供の頃はよく一緒に清掃をしたり、水道、電気メーターのチェックにも同行していました。

大人になるにつれて本業とは別に所有していたアパートからも収入があることを知り、祖父がやっていたことの意味がわかるようになりました。

寿司屋は水揚げ量で魚の値段が変わったり、仕入価格が毎年異なる職種です。加えてライバルも多く、競合他社が進出してきやすい業態でもあります。

さらに個人で寿司を握っていた祖父がもしもケガや病気になったら、その時点で売上がストップします。元気であっても、飲食業には食中毒の危険もついて回ります。それらのリスクをアパート経営でカバーしていたわけです。

そのような祖父の背中を見て育った私もやがて自身でも一棟アパートを所有するようになりました。

第2の財布を持つことは個人事業主でも経営者でも会社員でも関係ありません。誰でも心の余裕を作ることと考えています。

私はそのことを今は亡き祖父から教えてもらいました。

「不動産はやめたほうがいい」のネガティブイメージを払拭したい

何かあったときに必要になるお金。それを貯める方法はさまざまです。

現金で持つ、定期預金にする、株式や投資信託を買う、金を買う、などの方法のうち、多くの人は「みんながやっているほうが安心」と考えるかもしれません。

しかし、ジョセフ・ケネディ氏（ジョン・F・ケネディ米大統領の父親で大物相場師）の『靴磨きの少年』の話の例もあります。

《あるとき、ジョセフ・ケネディがウォール街の靴磨き少年に「相場はどうかね？」と冗談めいた問いかけをした。すると少年は「石油も鉄道も上がってるよ。おじさんも買ったほうがいいよ」

と得意げに答えた。投資の素人である靴磨きの少年ですら投資に浮かれている現状を知り、「これは危ない」と感じたジョセフ・ケネディは保有していた株をすべて売却。その後にやってきた暗黒の木曜日を免れた》

暗黒の木曜日とは１９２９年10月24日にニューヨーク株式取引場で発生した空前の株価大暴落で、木曜日だったのでそう名づけられました。後の世界恐慌の始まりになった出来事です。

私は「みんなが良いと言っているもの」が一番怖いと思います。

知識がない、経験がない、聞いたことがない、という理由で関わりを持たないようにするのではなく、客観的なデータとして長く続いているものを見て進めるべきだと思っています。

24歳でこの業界に入ったとき、最初は「会社員の自分には４０００万円の借り入れすら無理」とさえ思っていたのです。不動産投資はマイホームや高級車のような一生に一度の買い物のイメージでした。

しかし、実際は借り入れをすることで「時間を買うこと」の有利さに気づくことができました。

４０００万円稼いでから不動産を買うのではなく、少額の自己資金で４０００万円を借りて、他人の資本でスタートするほうが効率良く資産を増やしていけるのです。

結局、大事なのは「資産」を増やしていくことです。

このことは「ピケティの法則」でも明らかです。

フランスの経済学者トマ・ピケティは書籍『21世紀の資本』の中で、ある不等式（不等号を使って表した式）を示しました。

《r＞g》

ｒは「資本収益率」を示し、ｇは「経済成長率」を意味します。

簡単に説明すると「資本の収益率＝資産運用による収入の伸び＞経済成長率＝労働による生産の向上」であり、「資産運用の伸びのスピードが労働の収入の増加よりも上回っていた」という研究結果が発表されたのです。

世の中には「不動産はやめたほうがいい」という声があるのも事実です。

しかし、やり方を間違えずに進めることができれば、最もレバレッジの利くのが不動産投資です。

ローリスク・ハイリターンとは言いませんが、「ミドルリスク・ミドルリターン」から「ミドルリスク・ハイリターン」を長期的に狙って行けるのが不動産投資なのです。

不動産バブル負債者でも一からやり直せる

「不動産はやめたほうがいい」の声の理由の一端には、かつての日本のバブル経済崩壊の記憶が色濃く残っていることも挙げられます。

本書では住宅やビルを焦点に解説してきましたが、不動産というと「土地」というイメージを強く持っている人も少なくないのです。

１９９０年前後の不動産バブルの頃には「１億円の土地を持っている」「それが１週間後には１億３０００万円で売れた」というような〝土地ころがし〟が流行りました。今では考えられない話ですが、これによってバブル期には不動産投資が過熱していました。

しかしこの時代は不動産の利回りが２～３％だったのにもかかわらず、金融機関の融資の金利が

6％以上という完全な逆ザヤ時代でした。

土地を買っても利回りで返済できなので、価格を吊り上げて売却し、キャピタルゲインで儲けていた時代だったわけです。


ただ、このやり方はいずれ誰かが〝ババ〟を引くことになります。

実際にバブル経済は終焉を迎え、崩壊したときには本来は1億円の価値もない土地を持ってしまった人たちがババを引かされ、大暴落の憂き目にあった人が大量に出ました。

だからこそ「不動産は怖い」「暴落したら大損する」というネガティブなイメージが蔓延してしまったのだと思います。


しかし、本書で解説してきた方法であれば、そんな時代に大損をしてしまった不動産バブル負債者であっても一からやり直すことができます。

なぜなら、最終的に目指すのがオフィスビルであり、「貸事務所業」という事業に結び付ける方法だからです。貸事務所業が最強の老舗事業であることはすでに説明しましたね。

もしも土地を持つこと自体が最強なら、すでに世の中には「貸土地業」なるものが老舗企業としてランクインしているはずです。

圧倒的な一位が貸事務所業なのです。

ですから、手堅いものからやれば一からでもスタートできます。

不動産バブルで痛い目を見た人の中には、今でもお金を持っている人はいると思います。ただ、ネガティブイメージがあってなかなか戻って来られません。

しかし、そんな人でも一から始められるのがステップアップ不動産投資であり、最終的に歴史に則った事業で永続的に利益を得ることができるのです。

最初からビルを買う必要はありません。まずは住宅系、そしてタイミングが来たらオフィスビルに行く。その流れでかまわないのです。

自分に合ったステップアップで会社や国に頼らない人生を送る

不動産投資にはアパート・マンション、オフィス、店舗、戸建、駐車場、超格安物件などあらゆる方法論があります。

大事なのは「自分にはどういうものができるか」を考えて、できるところから順番に進めていくことです。区分マンションを持っているから、一棟アパートを持っているから、という理由で次に進めないことはありません。

インカムゲインを貯めて、キャピタルゲインを獲得して次のステップへと進んでいくことが重要です。どのステップであっても、不動産投資を実際に行うことで、あなたは「本業の収益と連動しない収益基盤」を手に入れることができます。

2024年から新NISAが始まり、国としては日本人に「投資をする人」を増やしたいのだと私は考えます。

これから先の未来、会社で雇用され続けることが絶対安全とは限りませんし、役職を上げて給料を上げることも誰もができることではありません。

いつ何が起こるかわかりませんし、会社が倒産したり、リストラの憂き目にあったり、順風満帆でも不意のケガや病気で働けなくなったりするかもしれません。

しかし、そうなってから不動産投資を始めても遅いのです。上場企業で働いていたら不動産の営業は来ますが、無職の人には融資が通らないので営業は来ないのです。

何かあったときに、会社や国に依存しなくても生きていけるための準備は、万全に働けている状態のときにすべきです。会社員の属性を活かして第2の財布を作る、内部留保があるうちに本業とは別の事業を始める。

そうやって収益基盤を構築し、今以上の収入のステップアップを実現してもらいたいと思っています。

経験ゼロから「10億円のビルで年収5000万円」も叶う

では、ステップアップした先には何が待っているのでしょうか?

私の知り合いには自宅用のマンションを買い、その後アパート投資から始めて、一棟マンションを買い、現在では3億円の区分オフィスビルが視野に入っている方がいます。

そうやってステップアップしていった先には「10億円のビルで年収5000万円」ということも夢ではありません。

現在の私はビルを販売しているので「手が出るならビルが一番」と言えますが、最初は怖くて手が出ないはずです。

仮にあなたが1億円持っていたとしても、ビル一棟を買う発想にはならないでしょう。だからこそ、ステップアップがおすすめなのです。

まずは価格の低いものを買い、なぜ価値が上がるか、なぜ資産価値があるのか、ということを、本書から〝知識〟としてインプットするだけではなく〝経験〟としてアウトプットしてもらいたいのです。

そして、経験を通してステップアップをすることで、いずれは10億円のビルを買い、利回り５％で年収５０００万円という未来を引き寄せてもらいたいのです。

ただし、そのためにはあなたの行動も大切ですが、質のいい不動産会社と出逢うことも大事です。

質のいい不動産会社の条件とは、

１．レスポンスが早い：基本的な応答が早く、メールや電話の折り返しなどをストレスなく行ってくれる。

２．聞いていない情報も教えてくれる：あなたが質問したことに対して明確な答えをくれることはもちろん、〝あなたが気づいていない疑問〟も先回りで教えてくれる。

３．リスクについても教えてくれる：いいことばかりを言うのではなく、それをすることでのリスクも同時に教えてくれる。マイナス部分が見えるからこそプラス部分もきちんと見えている。

この3つです。

決して大手の不動産会社だからいいわけではありません。大事なのは担当者です。担当者が質のいい人材かどうかを見極めるよう心がけてください。

不動産会社も金融機関もテナントも結局は「人」です。

やり取りをして少しでも「あれ？」と思うことがあれば、その担当者は変えてもらうくらいのつもりでいましょう。不動産はおすすめですが決して安い買い物ではありません。

だからこそ、妥協はしないでほしいのです。

今日買った不動産が「未来の家族」の財産になる

もしも、あなたが不動産を購入したら、それは今日からあなたにとっての第２の財布＝本業外収益になります。

日本は島国なので価値が上がるものと言えば「土地」です。

その中でも日本企業が最も集まる東京の土地は世界からも注目されています。そこに資産を持つことによって将来的に価値が上がり、大きな財産になっていくわけです。

かつて、大東亜戦争で日本は焼け野原になりましたが、戦災により破壊された都市の面影も感じないほど、世界でも有数の経済大国にまで成長しました。

スクラップ＆ビルドの過程で物件はどんどん新しくなり、不動産としての価値が上がっていっている状態です。

だからこそ私は、不動産投資をおすすめしてきました。

さらに、不動産は今のあなたに富をもたらしてくれるだけでなく、将来に渡って子々孫々にまで引き継ぐことができます。

もちろん、相続で引き継げる資産には現金や株式（ＲＥＩＴも含む）のような金融商品も存在しますが、不動産は税金面でも有利に働いてくれます。

仮に1億円の不動産を所有している場合は評価減で資産価値を6割くらい下げられるので、4000万円の資産に対する相続税率で計算されるため節税対策としても活用できます。

これは現金や株式ではできない方法です。

相続税を圧縮できることに加えて、不動産は引き継いだそのあともお金を生み出してくれるものとして機能してくれます。

保有していればインカムゲインを、売却すればキャピタルゲインをもたらしてくれます。どのような方法を選択するかは引き継いだ側の判断にはなりますが、あなたとしては、個人の資産だったものを「一族の財産」として、この世に残すことができるわけです。

不動産投資をすると「未来の街の発展」が楽しみになる

本書を手に取る前、もしかするとあなたは会社員や、本業のみを営む経営者かもしれません。本書を読み終え、その後に行動をすれば、あなたは「不動産賃貸業」という新しい〝役柄〟を手に入れることになります。

今この瞬間、あなたはその間に立っていると言えるでしょう。

不動産投資を始めて不動産オーナーになると、面白い視点が手に入ると私は考えています。それまでただの風景だった駅やマンションやビルや商店といった「街」が途端に物件の集まりとして見えてくるようになるのです。

情報の次元が変わって「駅周辺の大規模開発や開発待ちの駐車場があるか」「新しくできる商業施設で人の流れがどう変わるか」といった、街の発展に対する見え方が変わってきます。

私は「線路が延長されて羽田空港まで近くなる」というニュースを見るとワクワクします。そこからまた不動産を活用できる機会が増えるからです。

もしも駅周辺が開発されれば乗降客数が増えますし、すると不動産の賃料が上がったり、物件の稼働率も上がります。地域全体の利便性が高まって街全体が盛り上がれば不動産そのものの価値も上がります。

再開発という本来はあなたにとってそれほど関わりがなかったイベントが、急に「自分の身にも関わりのあるイベント」として応援する対象に変化するのです。

不動産の価値が上がれば収益も変化します。

さらに、視野が広がって東京各地のどこでどんなことが行われようとしているのか、それによってどんな変化が起こり得るのか、といった情報を集めるようになると、次の投資チャンスも見えるようになっていくでしょう。

そして投資チャンスを見つけたら、どう行動するかを考えるようになります。

本書ではステップアップ不動産投資によって資産を作ることをメインに解説してきましたが、実は不動産投資はそれだけのものではないのです。

一会社員、一経営者という属性からの人間的成長、情報の次元の上昇といった「人としての成長」を経ることで、あなた個人の幸せだけでなく、あなたに関わるすべての人の幸せにもかかわって行けるようになるのです。

まさに「幸せな不動産わらしべ長者」に相応しい状態と言えるでしょう。そんな幸せな人生のための不動産投資を、これを機に始めてみてください。

おわりに

■「勝てる不動産投資」で理想の人生を歩む

私は本書の冒頭を「老後2000万円問題の話」から始めました。

今や「4000万円が必要になる」とさえ言われる現代においては、私たち日本人全員が資産運用能力を身につけなければいけないとも言いました。

人口減少による年金の問題、上がり続ける物価に加えて、日本人の平均寿命が延びていることも踏まえておかなければいけない事実です。


「人生100年時代」と昨今では言われていますが、実際に日本人の平均寿命は、約70年前の1955年には男女共に60代だったものが1990年には男性75歳・女性81歳になり、2020年には男性81歳・女性87歳になっています。さらに2040年には男性83歳・女性89歳になると予想されています。

仮に65歳から老後が始まるとして、そこから約20年を２０００万円で割れば年間１００万円、月8万円です。

やはり２０００万円では足りなくなってきていると私は考えます。

だからこそ老後に対して日本人全員が抱えている課題を明確にし、本書が資産形成の一助になればとも思っています。

そしてそのための方法論としての不動産投資を、少しでも身近に、誰でも始められるものとしてお伝えしたく、本書を執筆しました。

この本を読んでいる方は会社員、経営者など立場がさまざまだと思います。

自己資金の有無もあるでしょう。

ですが、どの位置からでも始められ、ステップアップができ、老後の不安をなくすための第2の財布づくりをスタートさせられるのが不動産投資です。

踏み出し方は本文の中で説明しました。人によって、始められるところから始めてかまわないこともお話ししました。あとは行動するだけです。

私自身、過去に株式投資を経験しましたがうまく増えませんでした。

不動産会社に入って、ノウハウを学び、自分でも東京23区内に一棟アパートを1億8000万円で購入したことが始まりでした。

私には、妻と2人の子供がいます。自分がいつまで元気に働けるのか、その希望はあっても未来のことはわかりませんから、家族を養えるだけの収益の柱として不動産を持つことにしたのです。

この不動産が「一族の財産」になる様、祖父が私の両親にしてくれたのと同じように、私も家族に残せる資産を構築し続けようと考えています。

同じようにあなたにもぜひ資産を構築してほしいと考え、その方法を本書にまとめました。

今の生活に余裕を持つことで豊かな人生を歩み、人生を謳歌するそのためにも、ぜひ本書を熟読して「勝てる不動産」を手に入れてください。

あなたとあなたの家族を幸せにするために、不動産を〝手段〟として活用してください。

本書があなたのお役に立てたのならば、こんなに嬉しいことはありません。

杉浦　正明

杉浦正明（すぎうら・まさあき）
株式会社 Agnostri（アグノストリ）支社長

愛知県名古屋市出身。Web デザイン制作会社を経て、デザイナーズ物件を手がける㈱ロボットホーム（投資用不動産会社）に転職。5 年で平均 1 棟 1 億円のデザイナーズアパート 230 棟の販売実績を上げ、同社の IPO に携わる。32 歳で、営業力や提案力をさらに生かすため、株式会社アグノストリ（投資用ビル仲介販売）に転職。入社 1 年目にして合計 8 件、33 億円分のビルを販売し、2024 年 7 月までに累計 96 億円分のビルを販売。年収 500 万円のサラリーマンや、士業、公務員などの「不動産投資ビギナー」に向けた「自己資金 100 万円から不動産投資を始め、億の資産を築くまで」の方法論を展開している。
現在、200 億円以上の不動産を管理するアグノストリの支社長として、サラリーマンから大手企業経営層まで幅広く顧客を抱えている。

url : https://agnostri.co.jp/

どのステージからでもうまくいく！不動産投資《ふどうさんとうし》5ステップ成功術《せいこうじゅつ》

2024 年 9 月18日　　初版発行

著　者　杉　浦　正　明
発行者　和　田　智　明
発行所　株式会社　ぱ る 出 版

〒160-0011　東京都新宿区若葉 1-9-16
03(3353)2835−代表
03(3353)2826−FAX
印刷・製本　中央精版印刷(株)
本書籍に関するお問い合わせ、ご連絡は下記にて承ります。
https://www.pal-pub.jp/contact

ISBN978-4-8272-1463-5　C0033